ふじのくに倶楽部著

メイツ出版

# はじめに

## 【霊場・札所・巡礼とは】

本書では3つの霊場を紹介しているが、そもそも霊場とは、霊験あらたかで、古代から霊（神仏）が住むとして信仰の対象となった神聖な場所を表す。そして、同じ尊格を安置しているなど、固有の霊場を複数個所参拝してまわることを巡礼という。

さらに巡礼を大別すると、観音菩薩や薬師如来など、特定の本尊を祀る寺院などをまわる「本尊巡礼」と、弘法大師など各宗派の開祖の足跡をたどる「祖師巡礼」があり、前者は本誌で紹介する「観音巡礼」、後者は「四国八十八ヶ所巡礼」などが有名だ。ちなみに、巡礼の際、対象となる霊場を「札所（ふだしょ）」と呼ぶ。これは、本尊が安置されている堂の柱などに、木製や金属製の納札を打ちつけ礼拝したことに由来。札所参拝することを「打つ」と表現するのはそのためだ。

## 【霊場の巡り方】

「巡礼」とは「順礼」とも書くように、札所の番号順にまわるのが基本だが、特に決まりがあるわけではなく、都合の良い順序でまわっても構わない。また、中には「歩いて巡礼する方が車等を利用するより功徳が大きい」などと思う人もいるようだが、仏様は全ての人に平等。今はバスツアーなど便利なツールもあるので、自分の状況に合わせて参拝方法を選ぼう。伊豆など地域ごとに札所がまとまっているところは、その地に1~2泊してゆっくり歩いてまわるのもおすすめ。土地の景色や人々との触れ合いは、旅をより豊かなものにしてくれるだろう。そして、良いこと悪いこと、何が起きても仏様の思し召しと思い、寛大な礼の心で巡拝することが大切だ。

# 本書の使い方
How to use

## 写真
実際に礼所を回り、撮影した写真です。写真の傍に説明文を載せています。

## 次の礼所までの所要時間
次の番号、または最寄りの礼所までの所要時間を参考までに記載しています。

## コース名と礼所番号
三十三観音のコース名と、その礼所番号を示したものです。

[第20番札所までの所要時間] 車で17分

駿河一国三十三観音
第19番
【駿河・伊豆両国横道 三十三観音霊場第27番】

徳川家康の念持仏を祀る静岡の「清水さん」

音羽山 清水寺【きよみずでら】

真言宗 高野山派

右：小山を背にした境内一帯は清水山公園として整備されており、清水の舞台を模した展望台に人工滝も酒落。市民の憩いの場になっている 左：森の木々の中に風格漂う伽藍が溶け込んだ境内には、芭蕉らの句碑が点在するほか、山中には熊野神社も鎮座する

札所のご本尊
千手千眼観世音菩薩

ご真言
おん　ばざら　たらま　きりく　そわか

ご詠歌
にごりなく　たのむ心は　清水の　流れに浮かぶ　身こそやすけれ

ポイント
7月9日の観音大祭は「四万八千日」と言われ、参拝すると一生分の功徳が得られるという。同時催行の花火大会は静岡の夏の始まりを告げる風物詩だ。

安土桃山時代の建築様式をつたえる観音堂は、宮殿様式の厨子とともに県の指定文化財。本尊の千手千眼観世音菩薩は33年ごとに開帳の秘仏で、次回は2020年となっている

静岡鉄道・音羽町駅の程近く。江戸時代から変わらず残る細かな石段の先には、街中とは思えない穏やかな空間が広がる。1559年、今川氏輝の遺命により家臣の朝比奈丹波守元長が創建した寺は、開山に請じた京都仁和寺摩寿院の道因僧正が故郷をしのび、「音羽山清水寺」と名付けたという。
境内奥地に鎮座する観音堂は、1602年に徳川家康が建立。恵心僧都作と伝えられる念持仏の千手千眼観世音菩薩を寄進し、寺を護国祈願の道場とした。今も修行寺として厳しい戒律を守る寺では諸堂の内部公開をしていないが、「仏教の伝来を形にする」をテーマに昭和6年に再興された本堂は、インド・中国・日本の三国を折衷した当時最先端のデザイナーズ建築だ。



ご朱印は本堂右手の庫裡で受付。実は、本堂と同じく昭和6年落成の庫裡も国の重要文化財である。静岡中心地の名刹は、駿河・伊豆両国横道観音霊場第27番札所でもある

モダンな本堂は古宇田実の設計。中には丈六仏の薬師如来の頭部だけが祀られており、これは武田氏の駿府乱入時に池に放り込まれていたところを救い出したものという

入口正面、黒壁に赤い扉が特徴の護摩堂は、静岡浅間神社から移築したもの。もともとここは同神社の別当寺だったそうだ

鐘楼は本堂とともに国の重要文化財。江戸時代に両替町で駿府城下に時を知らせていた釣鐘の2代目で、徳川慶喜と家達の名が刻まれている

DATA　MAP P●-1

| | |
|---|---|
| 創建 | 1559年(永禄2年) |
| 所在地 | 静岡市葵区音羽町27-8 |
| 電話 | 054-246-9333 |
| アクセス | 静岡鉄道・音羽町駅より徒歩約3分 |
| 駐車場 | 有(約2台・無料※大型車不可) |
| 周辺情報 | 駿府城跡、静岡浅間神社 |

## 御朱印
その礼所でいただける御朱印の写真と関連する説明を入れています。

## ご本尊・ご真言・ご詠歌
礼所の観音様のご本尊とご真言、スペースがある場合にはご詠歌を掲載しています。

## MAP番号・DATA
それぞれの地図番号を掲載して、検索しやすくしています。礼所の創建、所在地、電話番号、アクセス、駐車場、周辺情報などを掲載しています。

本書に記載してある情報は、すべて2017年11月現在のものです。
情報に変更がある場合もありますので、事前にご確認の上、お出かけ下さい。

※本書は2014年発行の『静岡　御朱印を求めて歩く　札所めぐり　伊豆・駿河・遠州ルートガイド』の改訂版です。

# 伊豆横道三十三観音札所めぐり

伊豆半島の南部に点在する伊豆横道三十三観音の札所。
ジオパークとも称される風光明媚なエリアには、霊験あらたかな霊場だけでなく、
地球規模の歴史に触れ合えるスポットも数多く存在する。
旅の疲れを温泉で癒やしながら札所めぐりをするスタイルもこの地域ならではだ。

## おすすめモデルコース

第8番　円成寺
↓2.3km
第9番　正法院
↓5.2km
第5番　長光寺
↓1.0km
第1番　延命寺
↓2.2km
第6番　慈眼寺
↓6.4km
第10番　江月院
↓2.0km
第11番　普音寺
↓3.1km
第4番　円通寺
↓3.1km
第3番　西法寺
↓2.0km
第2番　帰一寺
↓6.2km
第7番　宝蔵院
↓25.5km
第12番　法雲寺
↓2.0km
第13番　普門院
↓5.4km
第14番　小峰堂
↓1.3km
第15番　東大寺
↓0.2km
第16番　善光庵
↓2.9km
第17番　南禅寺
↓15.0km
第18番　満昌寺
↓2.8km
第19番　広台寺
↓3.0km
第20番　福泉寺
↓4.6km
第21番　観音寺
↓0km
第22番　補陀庵
↓5.4km
第23番　長楽寺
↓0.5km
第24番　泰平寺
↓3.4km
第25番　曹洞院
↓7.8km
第27番　慈雲寺
↓4.0km
第26番　修福寺
↓4.2km
第28番　大慈寺
↓4.4km
第29番　正眼寺
↓7.1km
第30番　海蔵寺
↓6.9km
第31番　善福寺
↓2.3km
第32番　潮音寺
↓6.1km
第33番　普照寺

# 御朱印めぐり コラム①

【お参りの仕方】

巡礼をするからには、ご朱印だけもらって帰るだけではなく、きちんと仏様に参拝したいもの。以下に、お参りの仕方の一般例を紹介するので参考にしてほしい。

①山門の前(門柱だけのところもあるが、境内の入り口)で本堂に向かって合掌し、一礼する。

②水屋の手水で口をすすぎ、手を洗って身を清める。

③本堂に進み、納札・写経がある場合は所定の箱に納め、ロウソクを灯して線香を立て、賽銭をあげる。

④合掌してお経を唱える。本堂と観音堂が別にある場合は、本堂礼拝の後に観音堂へ移り、同様に行う。

⑤ご朱印をいただく。「納経所」や「ご朱印所」と案内が出ているところもあるが、たいてい本堂に隣接する庫裡や寺務所で受付している。本来は、参拝後に受領するものだが、手書きの墨書でもらう場合は、先に朱印帳を預けるとスムーズ。

⑥帰る際も、山門前では振り返って合掌一礼する。

※鐘が自由につける寺院の場合は、②の後に鐘堂で鐘をつく。ただし、参拝後につくのは「戻り鐘」と言われ、縁起が悪いのでNG。また、無住の寺も多いので、特に線香をあげた場合は、火の始末をきちんとして帰ること。

【読経について】

正式にはさらにいくつかの文言があるが、

①合掌礼拝

②開経偈

③懺悔文

④般若心経

⑤延命十句観音経

⑥本尊真言・観音真言

⑦回向文

などを順に唱えよう。また、ご詠歌を吟唱することも。ご詠歌は各札所で霊場ごとにつくられており、経文読誦と同じ功徳があるとされる。一般の人にも分かりやすく日常の言葉で表現されているので、経文が難しければご詠歌を代わりに唱えるのもおすすめ。本来は節があるが、最初は棒読みでも構わない。読経もそうだが、大切なのは心をこめてお参りすること。恥ずかしがらずに声に出して唱えていると、自然と心が落ち着き、清々しさが湧いてくるものだ。

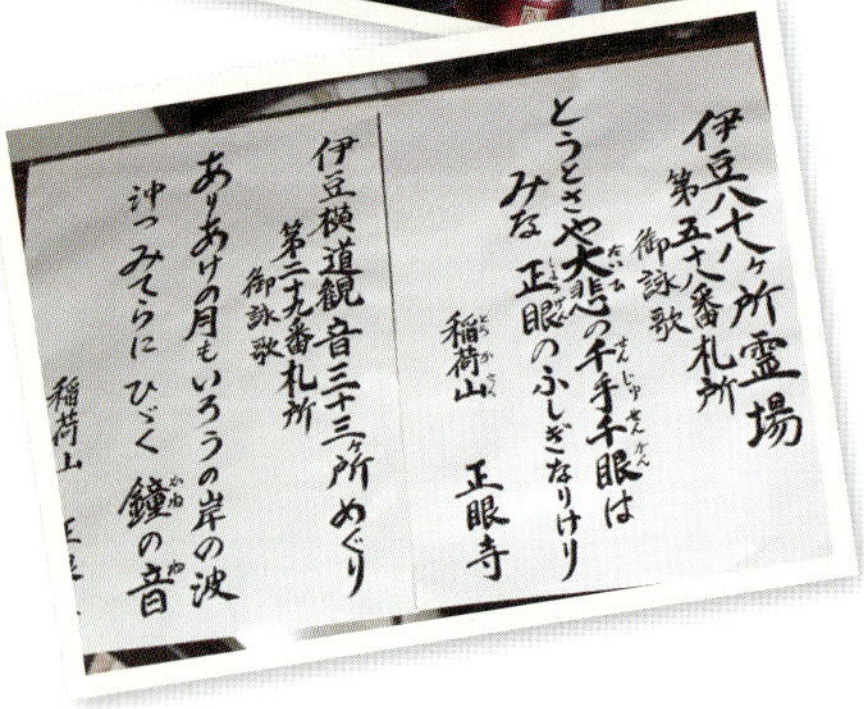

［第2番札所までの所要時間］車で15分
［第5番札所までの所要時間］車で3分

伊豆横道三十三観音
第01番

宝山禅師が開創した滝見観音堂は、海名野橋から川沿いに200mほど行った住宅の奥にひっそりと佇む。家の屋根の間から覗く「第一番」の露盤宝珠が目印だ

# 川沿いの住宅地に覗く「第一番」の露盤宝珠

## 東海山 延命寺【えんめいじ】

臨済宗 建長寺派

白隠禅師揮毫の「東海山」の扁額が迎える寺は、１４６６年に村人が建てた小堂が始まり。その後、宝山珍公禅師が臨済宗の寺として開山したという。札所は３００ｍほど離れた場所にある滝見観音堂で、聖観世音菩薩を奉安。昔は8月17日に大祭が行われ、そこで出会った男女が結ばれるということで「縁結びの観音さん」とも呼ばれた。現在は東福寺が兼務。

右_延命寺の本尊は地蔵菩薩で、山門正面に建つ地蔵堂は自由に参拝できる。管理する東福寺は400mほど離れた川向うにある　左_現在は無住の延命寺だが、墓参に訪れる人も多く、境内は手入れが行き届いている

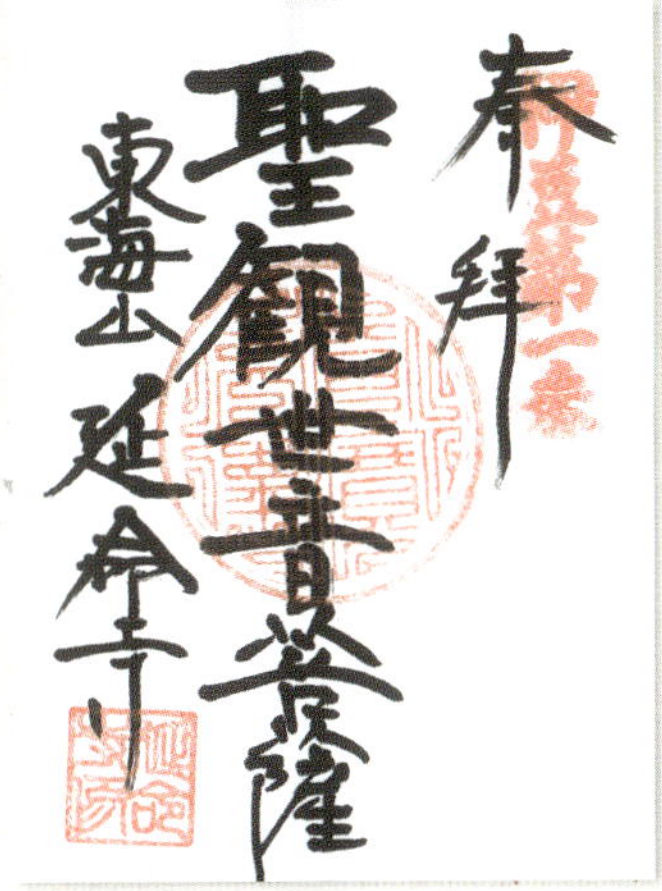


ご朱印は仁科川対岸の東福寺が管理（西伊豆町中24-1／TEL0558-52-0549）。東福寺は第6番・慈眼寺も管理しているので、一緒にもらっておくと良いだろう

札所の観音さま
聖観世音菩薩

ご真言
おん　あろりきゃ
そわか

DATA　MAP P7-3

| | |
|---|---|
| 創建 | 1466年（文正元年） |
| 所在地 | 賀茂郡西伊豆町中535-1 |
| 電話 | なし |
| アクセス | 国道136号線「浜橋」交差点より車で約3分 |
| 駐車場 | 有（無料） |

周辺情報▶東福寺（五百羅漢の漆喰画が有名）、神明神社、安城岬ふれあい公園

[第3番札所までの所要時間] 車で4分 ◀◀
[第7番札所までの所要時間] 車で15分 ◀◀

伊豆横道三十三観音
第02番
【伊豆八十八ヶ所霊場 第80番】

仏教文化が体験できる伊豆南部随一の名刹

# 萬法山 帰一寺【きいちじ】

臨済宗 建長寺派

現在の本堂は1848年の再建で、棟梁は名工・石田半兵衛が務めた。毎年11月25日の一山国師の命日には寺宝の肖像画を開帳。墓じまい、永代供養、人形供養の相談可。

総門から伸びる参道は、今は樹木が払われスッキリしたが、山門大棟に刻まれた葵の紋に、伊豆南部随一の名刹の風格が漂う。寺は1301年、中国の高僧・一山一寧国師が開山。北条氏や徳川歴代の保護を受け、臨済宗建長寺派の中本山として、一時は50の末寺を束ねるまでに隆盛した。

本尊は行基菩薩が刻んだと伝わる聖観世音菩薩だが、経堂に祀る弁財天は聖徳太子作という。この輪蔵構造の

右_以前の参道は杉木立と古木に覆われ、幽玄な趣があったが、現在は高齢の参拝者を考慮して歩きやすく整備中。それでもやはり寺の威容は変わらない
左_総門も立派。長閑な田園と小高い森に囲まれた寺に静かな時間が流れる

DATA MAP P7-3

| | |
|---|---|
| 創　建 | 1301年(正安3年) |
| 所在地 | 賀茂郡松崎町船田39 |
| 電　話 | 0558-43-0213 |
| アクセス | 東海バス・下田駅行き「船田」下車・徒歩約5分、堂ヶ島行き「船田」下車・徒歩約3分、国道136号線「宮の前橋」交差点より車で約8分 |
| 駐車場 | 有(約20台:無料) |
| 周辺情報▶ | 旧依田邸、道の駅花の三聖苑 |

内陣前にかかる「慈光」の書は、三島市龍澤寺の名僧・山本玄峰禅師の筆だ

札所の観音さま

聖観世音菩薩

**ご真言**

おん　あろりきゃ

そわか

ご詠歌

来てみれば
松にはなさく
法の山
いく世へぬらん
杉のむら立ち

✿ ポイント

精進料理は檀家の旅館料理長が作る本格的なもの。要予約で1人前2,500円、5人から受付可能だ。庫裡裏の離れで名園を愛でながら堪能できる。

経蔵には、約6700巻の大蔵経と大般若経を奉納。一周させれば全経本を一回読むのと同じ功徳があるとされ、拝観も可能だ。また、写経や坐禅、精進料理などが一般体験できるのも魅力のひとつ。由緒ある禅寺で静かに手を合わせれば、心の垢も洗い流されて行く。

ご朱印は本堂右手の庫裡で受付。本尊は聖観世音菩薩で、伊豆八十八ヶ所80番札所でもある

本堂裏に広がる庭は、安土桃山から江戸前期の作庭家・小堀遠州の弟子が手掛けたと伝えられ、伊豆三大名園の一つに数えられている

[第4番札所までの所要時間] 車で8分

伊豆横道三十三観音

# 第03番

ビャクシンの大木が優しく見守る境内はとても静か。現在は無住だが、かつては幕府より12石余の朱印地を賜る寺だった

## 大檀家の尽力で再興された那賀の古刹

# 太平山 西法寺【さいほうじ】

臨済宗 建長寺派

平安末期の開創という歴史ある寺は、南北朝の貞治年間に、鎌倉五山3位・寿福寺の要堂僧正を請じて開山した。現在の本堂は、12世楊岸和尚の頃に、那賀の大家・土屋家3代目佐野右衛門が再建。札所本尊の聖観世音菩薩は旧境内にあった西蓮堂のもので、明治初期の廃堂に伴い合祀された。門外には幕末の漢学者・土屋三余の偉業をしのぶ石碑も建つ。

右_土屋三余は幕末に寺の近くで「三余塾」を開校し、人材育成に尽力した漢学者。門前の石碑は門弟たちが彼の33回忌に建てたもの　左_山門の前で参拝者を迎える六地蔵は、寛政6年(1794年)の建立

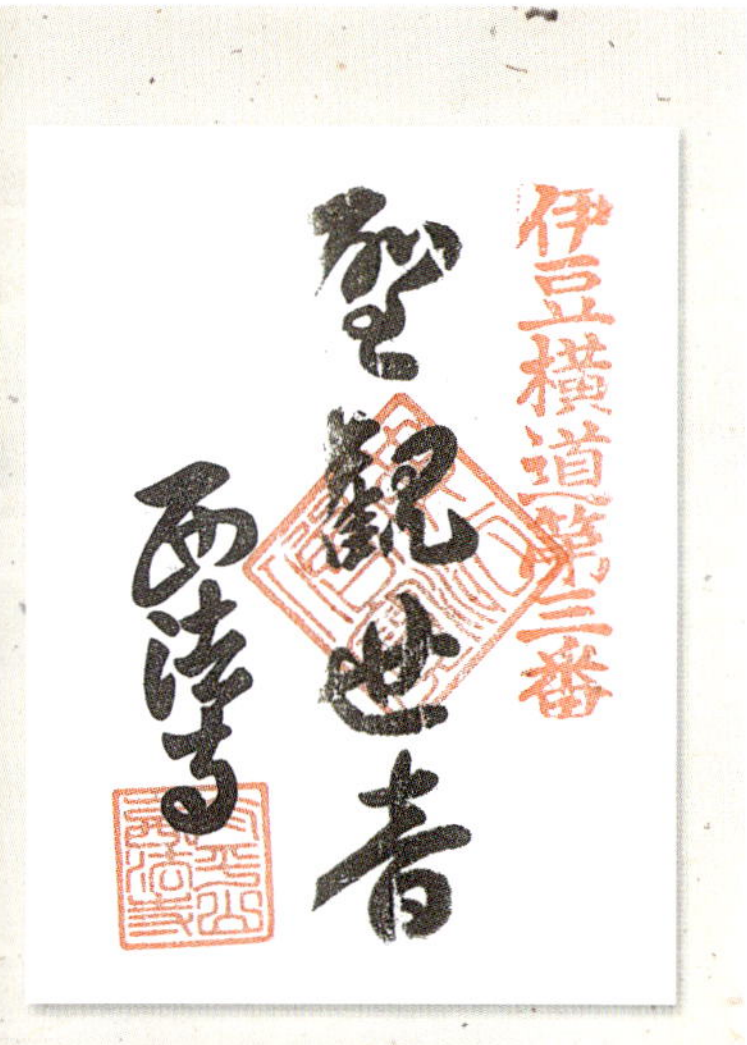


ご朱印は旧ユースホステル経営の土屋直彦さま宅にて。事前連絡がベター(松崎町那賀73-1／TEL0558-42-0408)。ちなみに、ここは中興開基の佐野右衛門や土屋三余の生家

札所の観音さま

聖観世音菩薩

ご真言

おん　あろりきゃ　そわか

DATA

MAP P7-3

| | |
|---|---|
| 創　建 | 1173年(承安3年) |
| 所在地 | 賀茂郡松崎町那賀299 |
| 電　話 | なし |
| アクセス | 東海バス堂ヶ島行き「宮小路」下車・徒歩約5分 |
| 駐車場 | なし |

周辺情報▶桜田温泉、花畑

草創当初は真言宗の寺を、南北朝期に鎌倉建長寺の東林友丘禅師が臨済宗に改め、中興開山。現在は無住だが、伊豆八十八ヶ所霊場の77番札所でもある

上_寺は当初、那賀川沿いにあったが、たびたびの洪水被害などで、宝永年間に現在地に移転。季節には桜や紫陽花が美しい

下_牛原山の麓に建つ寺から浄泉寺までは「仏の小道」と呼ばれる遊歩道になっており、相生堂跡地はその中間地から少し登った山中にある

## 頼朝が源氏再興を決した文覚上人との密談所

# 文覚山 円通寺【えんつうじ】

臨済宗 建長寺派

1179年、伊豆流罪時に寄寓した文覚上人が、小庵に弘法大師作の聖観世音菩薩を祀ったのが始まりという。かつては山の中腹に奥の院の観音堂があり、上人はここで、同じく韮山配流中に出会った源頼朝と密談、源氏再興を促したとの逸話が残る。この相生堂は明治初期に廃され、札所本尊の如意輪観世音菩薩は頼朝と文覚の像とともに寺に移された。

境内にある弁天堂は、1832年に13世盤山に帰依した馬場宇七が創立。木造の弁財天と大般若経600巻を蔵している

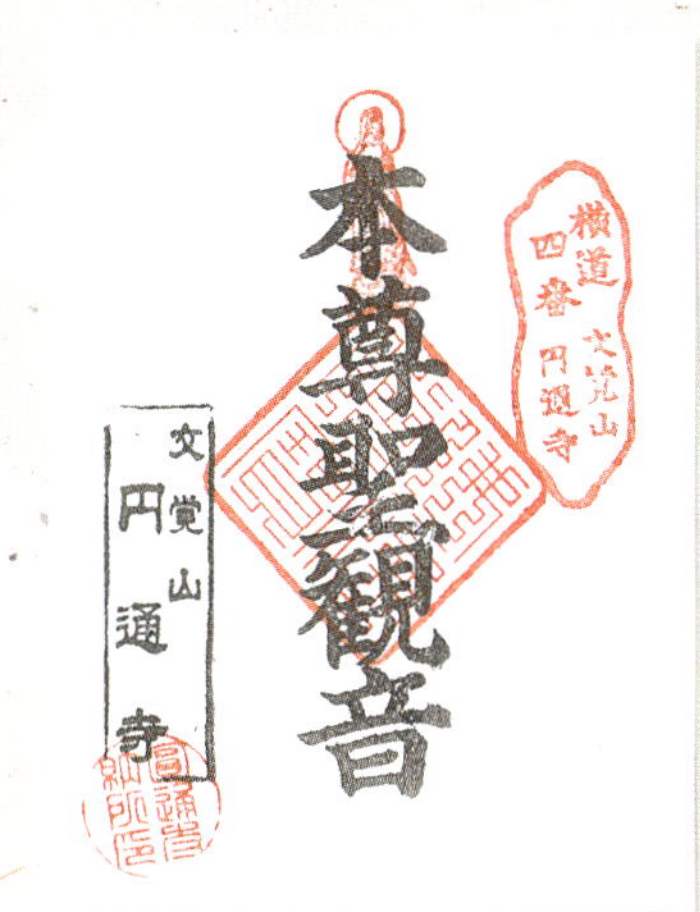


ご朱印は管理寺の禅海寺で受付（松崎町江奈44／TEL0558-42-0765）。なお、聖観世音菩薩は寺院本尊で、札所本尊は別の如意輪観世音菩薩になる

札所の観音さま

如意輪観世音菩薩

ご真言

おん　はんどめい
しんだまに　じんばら
うん　そわか

DATA

MAP P7-3

| | |
|---|---|
| 創　建 | 1179年（治承3年） |
| 所在地 | 賀茂郡松崎町宮内130 |
| 電　話 | なし |
| アクセス | 東海バス松崎ターミナルより徒歩約15分、国道136号線「宮の前橋」交差点より車で約1分 |
| 駐車場 | 有（小型車は境内に駐車可） |

周辺情報▶伊那上神社、長八美術館、長八記念館、中瀬邸、伊豆文邸、仏の小道、禅海寺

[第6番札所までの所要時間] 車で8分

伊豆横道三十三観音

第05番

# 里の菩提寺のように守られ続ける小さなお堂

# 紹霊山 長光寺【ちょうこうじ】

不明

小堂は、まるで校庭を駆ける中学生を見守るように静かに佇む。天文年間に再建されたとも言われるが、無住期間が長く、詳細は不明だ

西伊豆中学の校庭脇の道を歩いて行くと、赤帽が愛らしい六地蔵の先に小さな堂が現れる。明治6年に廃寺となり、開山等の詳細は不明だが、本尊の聖観世音菩薩は南北朝から室町期のものと推定され、当時活躍した仏師一派の作との説もある。裏山には7世紀頃築造の栗原昔穴古墳もあるなど、歴史深い里の観音様は、今も地域で大切に守られている。

右_お堂へ向かう細道の脇に建つ石碑。寛政12年(1800年)の文字が見える　左_境内の先には、学問の神様・天満宮が同じく子どもたちの成長を見守る

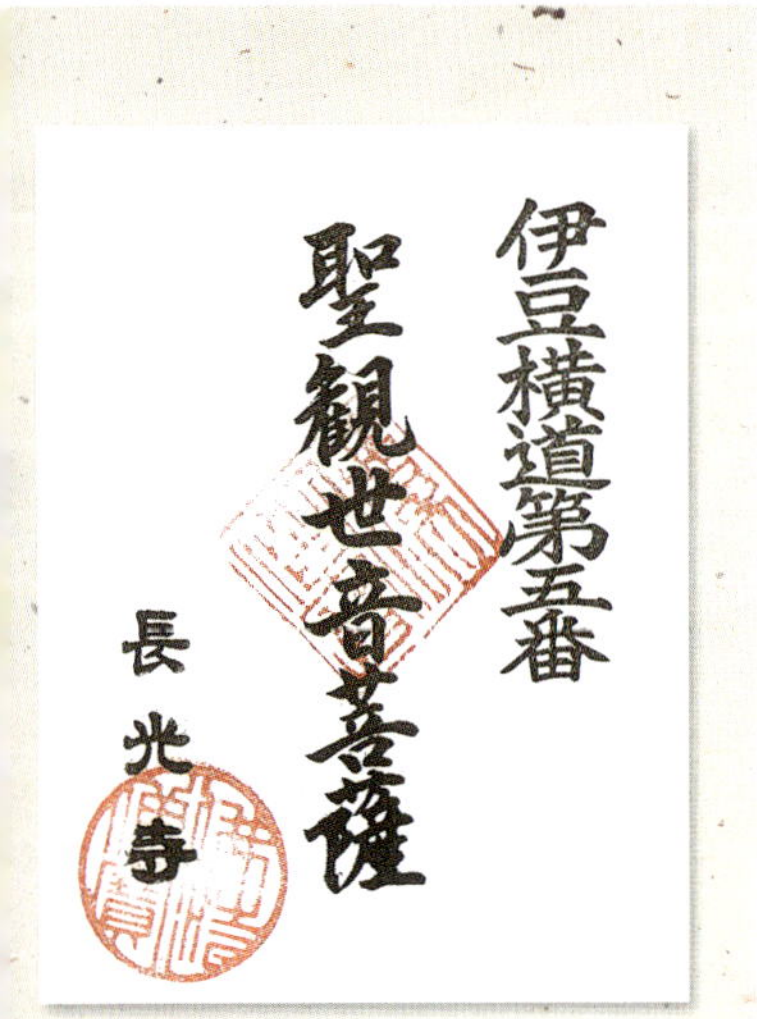


ご朱印は現在、寺入口にあるNPO法人「みんなの家」が担当(西伊豆町中745-3／TEL0558-52-4730)。受付は10〜15時頃まで。ただし、地区管理のため今後変更になる可能性あり

札所の観音さま

聖観世音菩薩

ご真言

おん　あろりきゃ　そわか

DATA　MAP P7-3

| | |
|---|---|
| 創　建 | 不詳(天文年間に再建) |
| 所在地 | 賀茂郡西伊豆町中(栗原) |
| 電　話 | なし |
| アクセス | 東海バス・宮ヶ原行き「築地橋」下車・徒歩約6分、国道136号線「浜橋」交差点より車で約2分 |
| 駐車場 | なし |

周辺情報▶東福寺、安城岬ふれあい公園

［第7番札所までの所要時間］車で20分

# 赤穂義士唯一の生き残り寺坂吉右衛門の墓

# 大悲山 慈眼寺【じげんじ】

臨済宗 建長寺派

寺は仁科川に注ぐ堀坂の沢を少し上ったところに建つ。瀟洒な本堂に祀る本尊は如意輪観世音菩薩で、地元人の篤い信仰を受けている

1番と6番のご朱印を管理する東福寺は、本堂天井の五百羅漢漆喰絵が有名な古刹。本霊場札所ではないが、ぜひ参拝していきたい

鈴木家の墓地内に2つの地蔵があり、向かって右の小さい石仏が寺坂吉右衛門の墓という。彼は同志の追善供養のため、宝蔵院に梵鐘も献納した

薄桃色の壁に大きな卍の印。モダンな本堂を持つ寺は、1489年に復岩禅師が開山。1644年に明山和尚が中興したという。ここは赤穂義士の寺坂吉右衛門にゆかりがあることでも有名だ。足軽のため仇討ちに加わらなかった彼は、同志の冥福を祈って諸国巡礼し、この地の旧家・鈴木権内宅に43年間寄寓した。その墓と言われる石仏が墓地に残る。

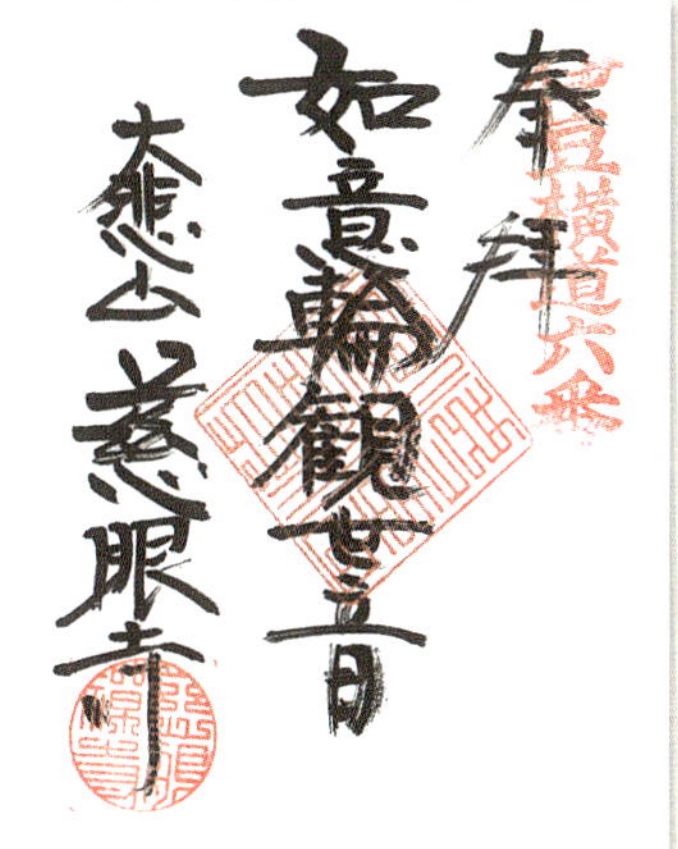


ご朱印は1番・延命寺と同じ東福寺で受付（西伊豆町中24-1／TEL0558-52-0549）。1番と併せてお願いすると良い。また、伊豆八十八ヶ所霊場82番札所でもある

札所の観音さま

如意輪観世音菩薩

ご真言

おん　はんどめい
しんたまに
じんばら　うん

DATA

MAP P7-3

| | |
|---|---|
| 創　建 | 1489年（延徳元年） |
| 所在地 | 賀茂郡西伊豆町一色56 |
| 電　話 | なし |
| アクセス | 東海バス・宮ヶ原行きバス「堀坂」下車・徒歩約3分、国道136号線「浜橋」交差点より車で約8分 |
| 駐車場 | 有（無料） |

周辺情報▶東福寺、仁科川遊歩道

[第2番札所までの所要時間] 車で15分
[第6番札所までの所要時間] 車で20分

伊豆横道三十三観音
第07番
【伊豆八十八ヶ所霊場 第81番】

堂の奥に建つのは、弘法大師を祀る開山堂。かつては地蔵金剛宝蔵密院と称したが、普門院4世清安禅
が転宗・中興した際に寺名も改めた

## 弘法大師が開いた伊豆第一の真言密教霊場

# 富貴野山 宝蔵院【ほうぞういん】

曹洞宗

今や仁科・松崎の両側から車で登れるほど整備されたが、門前に立った瞬間、背中合わせで並ぶ苔むした石仏の幽玄さに言葉を失う。弘法大師が「この地こそ諸仏有縁の霊地なり」と地蔵菩薩を刻んで草庵を結び、808年に高弟の岩仲が伽藍を建立。1502年に改宗されるも、伊豆第一の真言密教霊場だったという面影は、今なお神聖な空気の中に残る。

右_境内東側にそびえる樹齢400年超の大杉は「弘法杉」と呼ばれ、根元には曽我兄弟の塚とされる宝院篋塔が建つ　左_参道には村人が一体ずつ背負って運んだという古い石仏が並ぶ

ご朱印は、西伊豆町大沢里白川側は梅田兼男さま(西伊豆町大沢里196／TEL0558-58-7200)門野側は吉長武志さま(松崎町門野13／TEL0558-43-0097)が管理。いずれも事前連絡がベター

札所の観音さま
聖観世音菩薩

ご真言
おん　あろりきゃ　そわか

DATA

MAP P7-3

| | |
|---|---|
| 創　建 | 808年(大同3年) |
| 所在地 | 賀茂郡松崎町門野173-1 |
| 電　話 | 0558-58-7200 |
| アクセス | 県道59号「一色橋」バス停より車で15分、または大沢里「出合」バス停から車で約15分 |
| 駐車場 | 有(無料※「21世紀の森」駐車場利用) |

周辺情報▶長九郎遊歩道、大沢温泉、いで湯の里

## 眼光鋭い達磨大師と三島由紀夫ゆかりの禅寺

# 厳殿山 円成寺【えんじょうじ】

臨済宗 円覚寺派

昔、三島由紀夫が小説の構想を練ったという本堂縁側に腰をかけると、田子の港から吹き上げる潮風が心地良い。寺は韮山の国清寺塔頭として創建され、1615年に麟叟和尚が現在地に再興。かつて観音堂は独立した建物だったが明治期に廃され、札所本尊の聖観世音菩薩も本堂に移された。堂内欄間には「あ・うん」の龍と鳳凰が舞い、名僧・瀛州和尚作の達磨大師が睨みをきかす。

上_本堂欄間には、内側は龍、外側は鳳凰が左右で「あ・うん」の対をなして描かれている　下_達磨大師を刻んだ13世瀛州和尚は、明治30年には円覚寺の宗務総長にも就任した高僧。子どもも恐れる眼力ある表情が印象的だ

上_月皎和尚の創建時は「円城寺」と記したが、移転再興時に「円成寺」へ改称。田子の港を見下ろす景勝地に建つ寺は、三島由紀夫の小説『剣』の舞台になっている　下_136号線「円成寺」バス停のすぐ下に墓地があり、寺は田子の港を見下ろす山肌に建つ

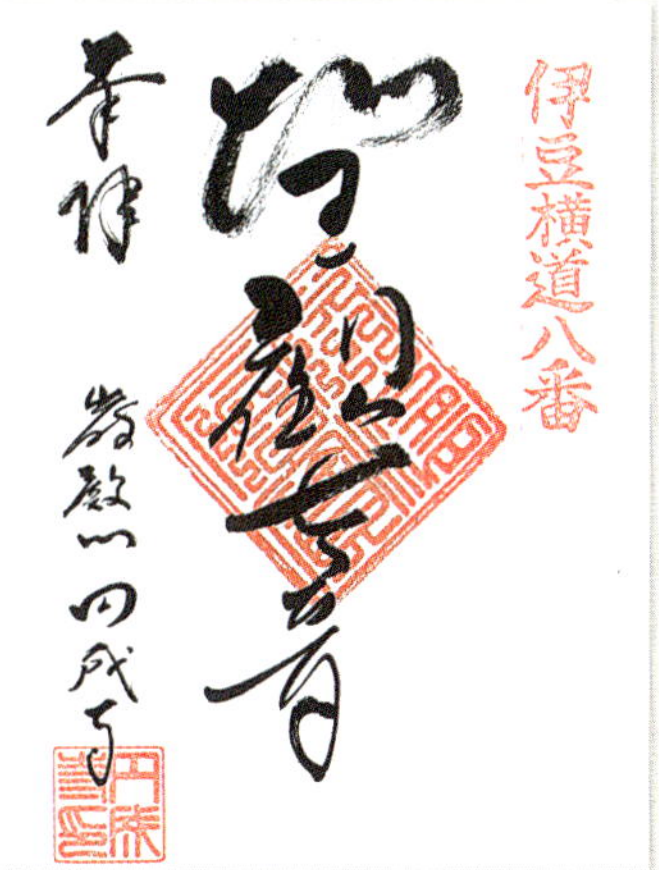


ご朱印は本堂右手の庫裡で受付。札所番号は8番だが、西伊豆方面から巡拝する場合は、ここを発願寺にして打ち始めるとスムーズだ

札所の観音さま
聖観世音菩薩

ご真言
おん　あろりきゃ　そわか

DATA　MAP P7-3

| | |
|---|---|
| 創建 | 1555年(弘治元年) |
| 所在地 | 賀茂郡西伊豆町田子274 |
| 電話 | 0558-53-0245 |
| アクセス | 東海バス「円成寺」下車・徒歩約1分、修善寺道路・修善寺ICより車で約100分 |
| 駐車場 | 有(無料) |

周辺情報▶田子漁港、堂ヶ島

[第10番札所までの所要時間] 車で20分 ◀◀
[第5番札所までの所要時間] 車で13分 ◀



## 老木が静かに歴史を語る田子漁村の菩提寺

# 実相山 正法院【しょうぼういん】

臨済宗 円覚寺派

海側にそびえる津波・火災除けの大石垣が、いかにも港町らしい。本堂前の門柱のような銀杏の老木が印象的な寺は、もとは「正法庵」と呼ばれた真言密宗系の釈迦堂を、1578年に壽岳和尚が改宗開山。本尊の聖観世音菩薩は行基菩薩作と伝えられるが、実際は平安中期のものという。境内には田子港海難水難死者の供養塔もあり港の安全を見守っている。

上_裏手の山肌に切り立つように並ぶ墓地からは、西海岸随一の田子漁港越しに、尊之島や田子島などを望む絶景が広がる　下_整然とした境内に建つ三界萬霊塔。明暦3年（1657年）の文字が見える。田子港海難水難死者諸霊を弔う

威風漂う本堂は、12世維山和尚が1849年に再建したもの。手前の銀杏は明治期の大風で2本とも途中で折れたが、そこから枝がたくさん伸びたため、葉が茂るとこんな愛らしい姿になる

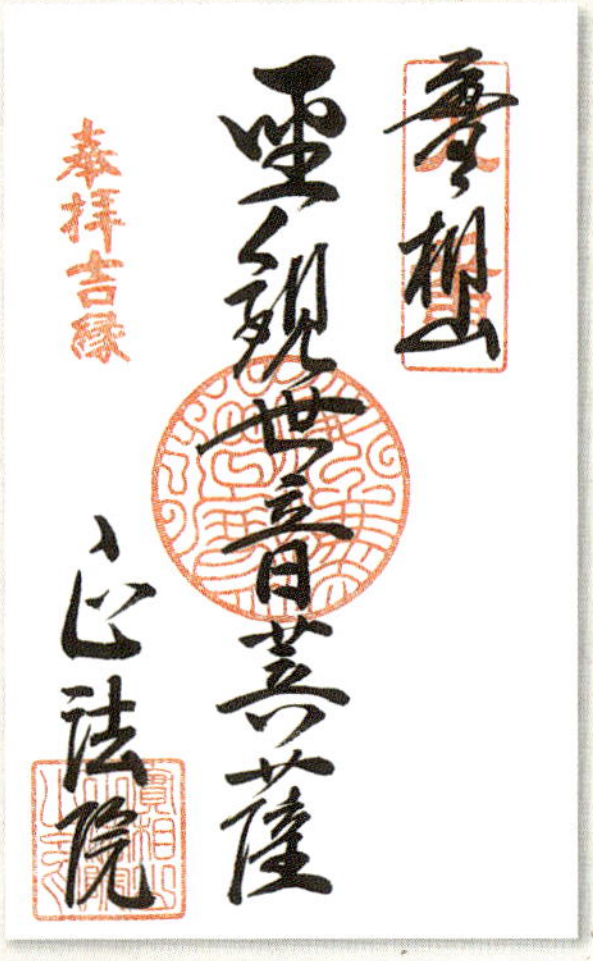


ご朱印は本堂右手の庫裡で受付。本尊の聖観世音菩薩は、2世春景和尚が吉佐美仏谷から奉迎したもの。創建時は壽岳和尚の持念仏の釈迦如来だった

札所の観音さま
聖観世音菩薩

ご真言
おん　あろりきゃ
そわか

DATA　MAP P7-3

| | |
|---|---|
| 創建 | 1578年（天正6年） |
| 所在地 | 賀茂郡西伊豆町田子1272 |
| 電話 | 0558-53-0229 |
| アクセス | 東海バスで「田子」、「月の浦」下車・徒歩約5分、修善寺道路・修善寺ICより車で約102分 |
| 駐車場 | 有（無料） |

周辺情報▶田子漁港、堂ヶ島

元富豪の私堂に座す霊験あらたかな観音様

# 福寿山 江月院

【こうげついん】

曹洞宗

もとは奈倉家の私堂で、昭和13年に道部区に移管された。堂の縁に置かれたペットボトルは、地元のおばあさんが毎朝清水を入れて供えに来ているのだそうだ

松崎橋から雲見方面へしばらく進むと、道端に札所を示す石柱が現れる。ここは松崎の富豪・奈倉家の菩提所。鬱蒼とした石段の先には、一族の墓とともに小さな堂が鎮座する。もとは奈倉家の念持仏で行基菩薩作と伝わる聖観世音菩薩は、霊験あらたかな尊仏として今は地区が大切に管理。毎朝清水の入ったペットボトルが2本、堂前に供えられている。

奈倉一族の墓所。当初堂は海寄りの平地にあったが津波で流され、元禄4年（1691年）に現在地に再興された。そのため、ここにある墓もそれ以降のもの

実は、松崎町民でも江月院の存在を知っている人は多くないという。車で行くと入口を見過ごしてしまいそうになるので注意

ご朱印は松崎町観光協会にて公布。松崎町観光協会は江月院より300mほど。堂前に場所の案内図がある。担当は周年で替わるものの、だいたいが松崎橋より寺側の集落のお宅だ

札所の観音さま
聖観世音菩薩

ご真言
おん　あろりきゃ　そわか

DATA

MAP P7-3

| | |
|---|---|
| 創建 | 元禄4年（1691年） |
| 所在地 | 賀茂郡松崎町道部383-2 |
| 電話 | なし |
| アクセス | 東海バス・雲見入谷行き「道部」下車・徒歩約5分、国道136号線「宮の前橋」交差点より車で約3分 |
| 駐車場 | 有（無料※1台分程度） |

周辺情報▶長八美術館、長八記念館、伊那下神社、岩地温泉、石部温泉、石部の棚田

[第12番札所までの所要時間] 車で45分 ◀◀

伊豆横道三十三観音

# 第11番

無住だが立派な本堂には重厚感が漂う。本尊は歯朶野間から移した十一面観世音菩薩だ。高台に建つ寺からは、岩科地区が一望できる

「なまこ壁の里」に生き生きと舞う天女と龍虎

# 慈応山 普音寺【ふおんじ】

臨済宗 円覚寺派

長閑な川沿いの集落には、なまこ壁の古蔵が今も残る。細い急坂の先に建つ寺の前身は、歯朶野間にあった観音堂。後藤平左衛門が現在地に新たな堂を建立し、1467年に仙夫聡竺和尚が開山した。今は無住で檀家が管理するが、1844年再建の本堂には、入江長八の弟子が作った天女や龍虎のこて絵、花鳥風月の天井画などが施され、見どころも多い。

「なまこ壁の里」と呼ばれる岩科地区には、今なお古い蔵を持つ民家が点在。重要文化財の岩科学校もある

入江長八の弟子の作という躍動感ある天女や龍虎のこて絵が堂内を彩る。本堂は自由に入れるので、ぜひ中も拝観していこう

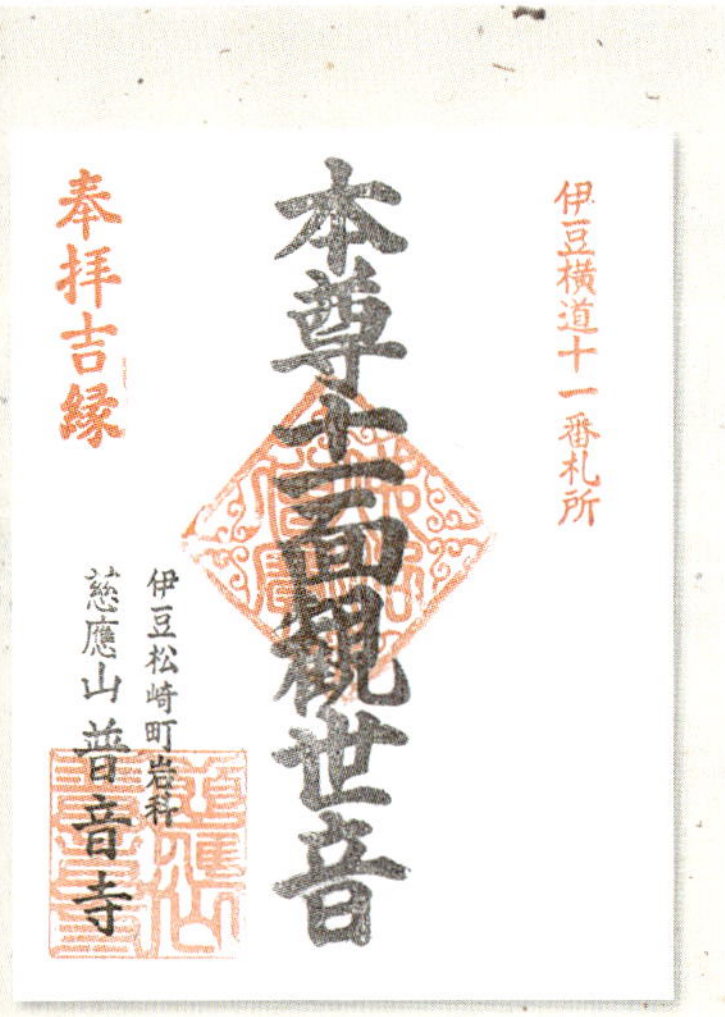


本堂扉は常時開いており、中に設置のご朱印スタンプを各自で押印し、賽銭箱に代金を納める

札所の観音さま

十一面観世音菩薩

ご真言

おん まか きゃろにきゃ そわか

DATA　MAP P7-3

| | |
|---|---|
| 創　建 | 1467年(応仁元年) |
| 所在地 | 賀茂郡松崎町岩科南側307 |
| 電　話 | なし |
| アクセス | 東海バス「山口」下車・徒歩約6分、国道136号線「宮の前橋」交差点より車で約6分 |
| 駐車場 | なし(山口バス停より先大型車不可) |

周辺情報▶岩科学校、なまこ壁の里

北の沢の守護仏は県内唯一の古代如意輪観音

# 如意山 法雲寺【ほううんじ】

曹洞宗

右_本堂脇に祀られた如意輪観世音菩薩の石仏。意のままに福と財をもたらす宝珠と、煩悩を砕き迷いを取り除く法輪を操る仏様だ　左_境内の一段高いところに建つ観音堂。札所本尊がもし10世紀の作ならば、東日本最古級の木造如意輪観世音菩薩像になる。里人たちの大切な守護仏だ

長閑な北の沢の里を見守るように建つ寺は、もとは真言宗の如意庵と呼ばれていた堂で、仁叟和尚が曹洞宗に改め開創した。小池の先に座す観音堂の本尊は如意輪観世音菩薩だが、江戸時代は馬頭観音と間違われていたという。しかし、温和で素朴な造形の尊仏は平安後期作とされる一方、古様な手法から10世紀のものとする見解もある魅力的な名像である。

ご詠歌

法の雲
たなびく寺は
北のさわ
心のあかを
そそがぬはなし

今は兼務住職で平素は北の沢地域の人々が管理にあたる。毎年7月18日前後の日曜日に行われる観音祭りでは、本寺の楞澤寺住職来訪のもと、読経と和讃を唱歌するそうだ

寺は楞澤寺の住職が兼務するが、ご朱印は地区の総代が3年交代で管理。観音堂脇に担当者の連絡先が記載されている

札所の観音さま

如意輪観世音菩薩

ご真言

おん　はんどめい
しんだまに　じんばら
うん　そわか

DATA

MAP P6-1

| | |
|---|---|
| 創　建 | 天正年間(1573〜92年) |
| 所在地 | 下田市須原973 |
| 電　話 | なし |
| アクセス | 東海バス・賀茂逆川行き「北の沢」下車・徒歩約6分、修善寺道路・修善寺ICより車で約90分 |
| 駐車場 | 有(無料※大型車侵入不可) |

周辺情報▶上原仏教美術館、河津七滝

[第14番札所までの所要時間] 車で13分 ◀◀

伊豆横道三十三観音

# 第13番

胎内仏を本尊に祀る河津最初の霊場札所

## 萬松山 普門院 【ふもんいん】

曹洞宗

無住ながら威風堂々とした佇まいは、江戸期には末寺を56有する本寺で、賀茂郡下の曹洞宗寺院の取締役を担っていたという寺格が伺える

逆川の森閑とした山中に佇む寺は、「行基菩薩が開いた観音堂が廃れている」と聞いた模庵宗範和尚が、叔父の鎌倉公方足利持氏から寄付を得て１４２９に創建したという。本尊は聖観世音菩薩坐像で、胎内に同じ観音像を安置。それが札所本尊である。寺宝には摸庵和尚使用の笈(県文化財)や、雨乞いの本尊として霊験あらたかな青龍の掛図などがある。

山門は昭和50年代、2度の災害で境内が一部谷に崩れ落ちたが、今は幽玄な空気が漂う

朱印は檀家総代が周年交替で管理。今は寺入口石柱の左手・野田典義さま方(河津町逆川484/TEL0558-32-2038)。事前連絡がベター

山門先の右手には蓮に覆われた池もある

札所の観音さま

聖観世音菩薩

ご真言

おん　あろりきゃ　そわか

DATA　MAP P6-1

| | |
|---|---|
| 創建 | 1429年(永享元年) |
| 所在地 | 賀茂郡河津町逆川500 |
| 電話 | なし |
| アクセス | 東海バス・賀茂逆川行き「賀茂逆川」下車・徒歩約13分、修善寺道路・修善寺ICより車で約85分 |
| 駐車場 | 有(約20台・無料) |

周辺情報▶上原仏教美術館、河津七滝、湯ケ野温泉

[第15番札所までの所要時間] 車で4分 ◀◀

伊豆横道三十三観
第14番

# 小峰堂【こみねどう】

曹洞宗

## 庚申堂に鎮座する田中区の大事な財産

赤い屋根の愛らしい小堂はもともとは庚申堂で、地元では田中庚申堂とも呼ばれている。古文書によると約500年前からここにあったという。たくさん貼られた千社札に、庚申信仰・観音信仰の篤さが伺える

本来ここは庚申堂で、小峰堂は来宮神社の別当・地蔵院の末寺として田中小嶺にあった。明治初年の地蔵院廃寺に伴い、堂の管理者となった杉桙別神社は田中村にそれを移管。明治末頃に堂の裏山が崩れて建物が傷んだため、本尊の千手千眼観世音菩薩は庚申堂に祀られることになったという。

生垣の間からひょっこり顔を出す頬かむり地蔵。この小堂が地域の人々に愛されていることがよくわかる

ご詠歌

ただたのめ
うきの田中の
さしも草
われ小御堂に
あらん限りは

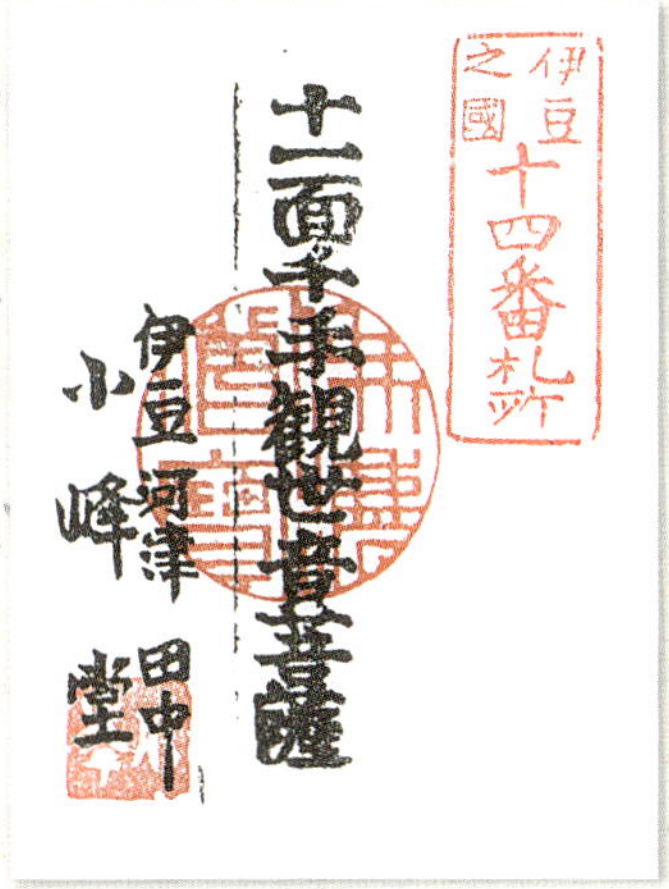


ご朱印は田中区が管理、堂に担当者宅の案内がある。担当者の迷惑にならないように注意する

札所の観音さま

十一面観世音菩薩

ご真言

おん　まか
きゃろにきゃ　そわか

DATA

MAP P6-1

| | |
|---|---|
| 創　建 | 不詳 |
| 所在地 | 賀茂郡河津町田中268 |
| 電　話 | なし |
| アクセス | 東海バス・修善寺駅行き「河津町役場」下車・徒歩約5分、修善寺道路・修善寺ICより車で約80分 |
| 駐車場 | なし |

周辺情報▶峰温泉大噴湯公園、踊り子温泉会館、涅槃堂、河津浜海水浴場、河津桜並木

[第16番札所までの所要時間] 車で3分

伊豆横道三十三観音

# 第15番

朝日が本尊を照らす太陽の子孫ゆかりの寺

## 金烏山 東大寺【とうだいじ】

曹洞宗

「太陽族(金烏の子＝鈴木氏)の東の大寺」という意味で名付けられた「金烏山東大寺」。本堂は、大日如来の化身と言われる本尊の青不動明王に田中洞の山から昇る朝日が射すよう設計されているそうだ

前身は熊野水軍の一党・鈴木氏が建てた東大庵。１５５０年の大洪水で堂宇が流出、同じく被災した菩提寺と合併し、１５７３年に曹洞宗寺院として開創した。山号寺名は、鈴木氏の先祖が熊野の八咫烏と言われ、太陽(金烏)の子孫と称することに由来する。観音堂の本尊は当初は馬頭観音だったが、朽ちたため室町末期に十一面観世音菩薩に作り変えられた。

右_門前には樹齢900年弱とされるホルトの古木がそびえ、参拝者を迎えてくれる。もとの東大庵はこのあたりにあった　左_本堂左手にある観音堂は、行基菩薩が伊豆巡錫中に建立したとの伝承もある

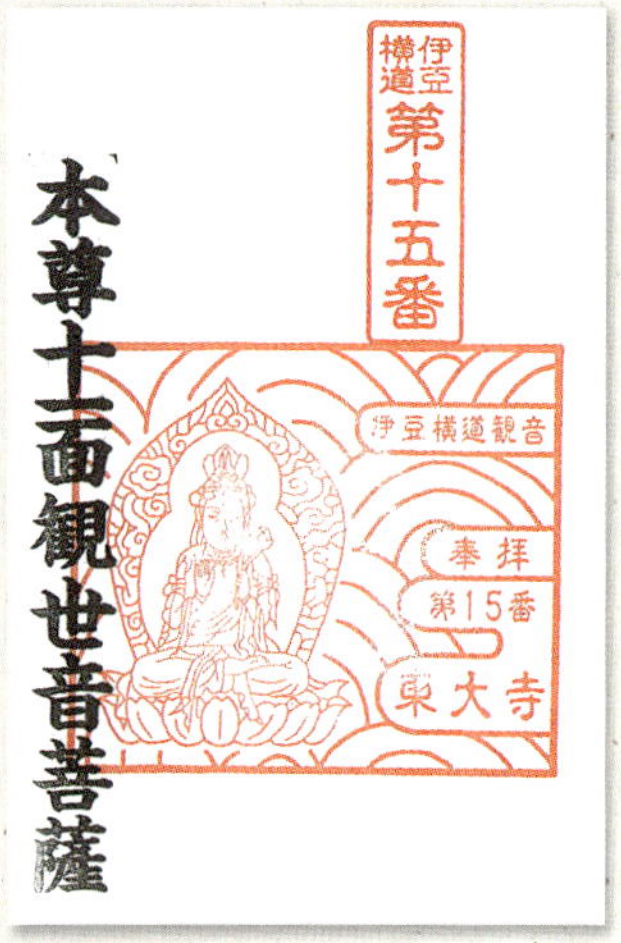


ご朱印希望の場合は電話で連絡を

札所の観音さま

十一面観世音菩薩

ご真言

おん　まか　きゃろにきゃ　そわか

DATA　MAP P6-1

| | |
|---|---|
| 創　建 | 1573年(天正元年) |
| 所在地 | 賀茂郡河津町峰382 |
| 電　話 | 0558-32-1428 |
| アクセス | 東海バス・修善寺駅行き「踊り子温泉会館」下車・徒歩約5分、修善寺道路・修善寺ICより車で約80分 |
| 駐車場 | 有(無料) |

周辺情報▶峰温泉大噴湯公園、踊り子温泉会館、バガテル公園、河津桜並木

小さな本堂の中には、約160㎝の十一面観世音菩薩が祀られている。面貌は穏やかで正面観に重量感のある作風は平安前期のものという

狭い境内には古い石仏が佇み、歴史をしのばせる。この土地の所有者は大ソテツのある正木家で、徳川家康の側室お万の方の生家

静岡県内最古レベルの貴重な十一面観音

# 稲荷山 善光庵【ぜんこうあん】

なし

東大寺前の細道を200mほど行くと、善光庵の入口にたどり着く。創立などは不詳だが、高台に建つ堂は、江戸時代は筏場の三養院住職の控所だった。建物はささやかでも、本尊は県文化財指定の逸品だ。一木造の十一面観世音菩薩は10世紀の作で、静岡最古級の観音像のひとつ。一説には、江戸の火災で焼失した際、南禅寺から移したものという。

**ご詠歌**

よき光り
かがやきいづる
峰のてら
二世くらからじ
月のよそほい

県指定文化財の本尊を拝観したい場合は、事前に河津町教育委員会（0558-34-1117）へ連絡（拝観できない場合もあり）。ご朱印は下峰区が管理。現在は庵への細道に入る右手・正木孝志さま方で受付ている

**札所の観音さま**

十一面観世音菩薩

**ご真言**

おん まか きゃろにきゃ そわか

DATA　MAP P6-1

| | |
|---|---|
| 創建 | 不詳 |
| 所在地 | 賀茂郡河津町峰400 |
| 電話 | なし |
| アクセス | 東海バス・修善寺駅行き「踊り子温泉会館」下車・徒歩約3分、修善寺道路・修善寺ICより車で約80分 |
| 駐車場 | なし |

周辺情報▶峰温泉大噴湯公園、踊り子温泉会館、バガテル公園、河津桜並木、河津桜観光交流館

[第18番札所までの所要時間] **車で36分** ◀◀

伊豆横道三十三観音
# 第17番

谷津の里人が守り続ける24体の平安仏

東泉山
# 南禅寺【なぜんじ】

不明

展示室。中央が9世紀作で静岡県内最古の仏像とされる薬師如来で、右手奥が十一面観世音菩薩だ。すべて露出展示されているので一部は後ろ姿も見られ、迫力満点!

大樹に覆われた森の中の境内には、どこか神秘的な霊気が漂う。創立は諸説あるが、７４９年に行基菩薩が開いた那蘭陀寺が始まりの古刹は、平安時代には七堂伽藍を構える大寺だったという。その後、１４３２年の山津波で全てが埋没。１５４１年に南禅和尚が建てた堂が寺となった。現在、小堂の脇には谷津区民の力で立派な展示館が建ち、百年余の時を経て掘り起こされた貴重な平安期の

DATA　MAP P6-1

| | |
|---|---|
| 創　建 | 749年(諸説あり) |
| 所在地 | 賀茂郡河津町谷津138 |
| 電　話 | 0558-34-0115 |
| アクセス | 伊豆急行・河津駅より徒歩約35分、修善寺道路・修善寺ICより車で約85分 |
| 駐車場 | 有(無料) |

周辺情報▶峰温泉大噴湯公園、踊り子温泉会館、バガテル公園、河津桜並木

大樹が鬱蒼と茂る境内は、太古の歴史を思わせる。駐車場からは徒歩で急坂を登らねばならないが、歩行困難な人は公用車での送迎も可能

本堂に安置される地蔵菩薩と虚空蔵菩薩は、近くにあった温泉堂の尊仏。老朽化による廃堂に伴い、南禅寺に移された

仏像が、24体安置されている。

札所本尊の十一面観世音菩薩は、昔は彫り直された薄面などから凡作と評されたが、繊細な装飾のレリーフは実に優美で素晴らしい。柔和な薬師如来やギリシャ彫刻のような天部像など、幽遠に佇む平安仏は、見る者を太古のロマンへと誘う。

寺院本堂は1814年に再建。堂内の拝観は自由だが、仏像類はすべて展示館にあるため、ここには写真のみが並ぶ

**ポイント**

**札所本尊は一見すると一面のため、長く聖観音として信仰されてきたが、頭の鉢に頭上面取り付けの跡が見つかり、十一面観世音菩薩と判明した。**

札所の観音さま

十一面観世音菩薩

**ご真言**

おん　まか

きゃろにきゃ　そわか

ご詠歌

まゐりきて

きけばその名も

仏谷

浄土へいずる

心地こそすれ

ご朱印は河津平安の仏像展示館で受付(10:00〜16:00、水曜・年末年始定休)。拝観は有料だが、かつては国宝にもなった寺院本尊・薬師如来をはじめとする仏像美術は必見だ

2013年2月にオープンした「伊豆ならんだの里　河津平安の仏像展示館」。平安の仏教美術の宝庫には、谷津区民の情熱と尊仏への愛情が詰まっている

伊豆横道三十三観音
第19番
【伊豆八十八ヶ所 第44番】

歴史と湯の郷・蓮台寺にある花の禅寺

# 湯谷山 広台寺【こうだいじ】

曹洞宗

上_内陣の正面に祀るのは、寺院本尊の聖観世音菩薩。欄間に描かれた絵も見応えがある 下_寺周辺には、吉田松陰ゆかりの民家が残る湯の華小路など情緒が漂う街並みが広がる

歴史深い蓮台寺温泉で、シャクナゲやツツジなど花の名所としても知られる寺。前身は那岐里山の頂にあった桂昌庵で、1612年に曹洞院7世の格雄和尚が移転・再興したという。札所本尊の十一面観世音菩薩は、もとは明治期に吸収した源照寺の尊仏で、内陣左の厨子に安置されている。また、安政の大津波以降は、日露和親条約の幕府交渉人・川路左衛門が当寺を館として使用した。

境内も四季の花々が参拝者を楽しませるが、裏山には約千株のシャクナゲが群生。4月下旬から5月上旬が見頃となる

札所の観音さま
十一面観世音菩薩

ご真言
おん まか きゃろにきゃ そわか

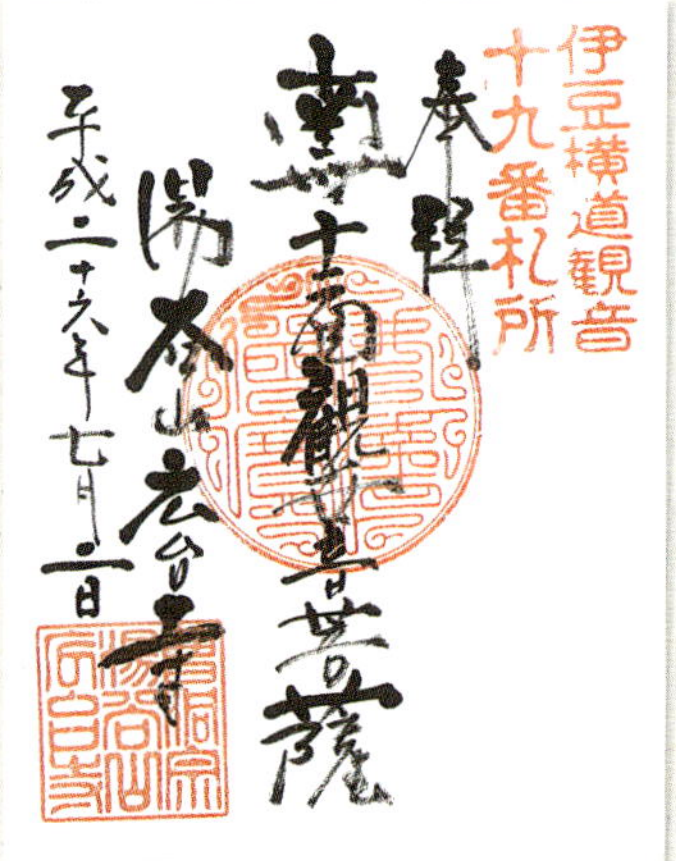


ご朱印は本堂右手の庫裡で受付。寺には2体の観音像が祀られており、秘仏の十一面観世音菩薩は本霊場札所本尊、寺院本尊の聖観世音菩薩は伊豆八十八ヶ所霊場の本尊になる

DATA MAP P6-2

| | |
|---|---|
| 創　建 | 不詳（1612年再興） |
| 所在地 | 下田市蓮台寺140 |
| 電　話 | 0558-22-2756 |
| アクセス | 伊豆急・蓮台寺駅より徒歩約15分、東海バス・大沢口行き「蓮台寺温泉」下車・徒歩約3分 |
| 駐車場 | 有（無料） |

周辺情報▶天神神社、天馬駒神社、吉田松陰寄寓処、蓮台寺温泉、湯の華小路

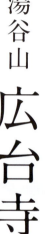

[第21番札所までの所要時間] 車で11分

伊豆横道三十三観

第20番

寺は伊豆急下田駅のすぐ西側にある。江戸末期に再建された本堂はずっしりとして、駅前の喧騒を感じさせない穏やかな空気が流れる

# 下田富士の麓に建つ第1回日露談判応接所

# 不二山 福泉寺【ふくせんじ】

曹洞宗

伊豆急下田駅の脇に悠然と構える曹洞宗の寺は、1854年11月に第1回日露交渉が行われた場所。しかし、翌日発生した大地震による津波被害で、以降は場を長楽寺に移された。寺は、当初は下賀茂にあったが、1747年に火災に遭い、7世霊通和尚がこの地に再興。本尊は源頼朝が寄進したと伝えられる千手千眼観世音菩薩で、末寺だった宗方寺から移転奉安されたものという。

右_門前には「日露談判下田最初の応接所跡」と書かれたささやかな石碑が建つ　左_堂内には、「自分の疾患場所と同じところをなでると病が治る」といわれる「おびんずるさま」が鎮座

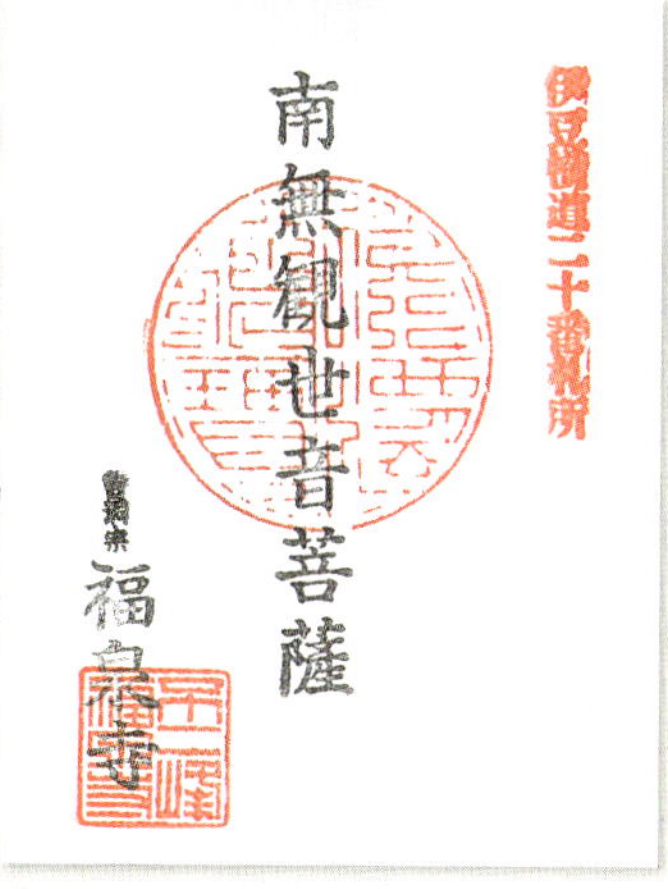


ご朱印は本堂右手の庫裡で受付。本尊の千手観世音菩薩は木造50cmの小さな立像だが、開帳の年に災害が多かったと言われ、霊験あらたかと信じられているそうだ

札所の観音さま

千手千眼観世音菩薩

ご真言

おん　ばざら　たらま　きりく　そわか

DATA

MAP P6-2

| | |
|---|---|
| 創建 | 天正年間再興(1573～1592年 |
| 所在地 | 下田市西本郷1-14-21 |
| 電話 | 0558-22-1637 |
| アクセス | 伊豆急・伊豆急下田駅より徒歩約1分、国道135号線「中島橋」交差点より車で約1分 |
| 駐車場 | 有(小型車のみ境内駐車可) |

周辺情報▶宝福寺、下田開国博物館、了仙寺、道の駅「開国下田みなと」、ペリーロード

［第22番札所も兼ねる］

伊豆横道三十三観音
# 第21番
【伊豆八十八ヶ所霊場 第39番】

須崎港は山を背にしており、海からはすぐに細く急な上り坂になる。上に参拝者用の駐車場はないので、下の漁協のスペースを借りると良い

## 須崎の夕日に黄金色に輝く十一面観世音菩薩

# 西向山 観音寺【かんのんじ】

曹洞宗

民宿が連なる須崎の港町を望む観音寺は、明治初年に補陀庵を吸収したため、2つの札所を持つのが特徴だ。前身は川上の地に開山した真言宗陽谷院で、寛永年間に曹洞宗に改め再興したという。本尊の十一面観世音菩薩は運慶作と伝えられ、同じ前立仏の背後で淑やかに微笑む。山号の通り西向きに建つ本堂には、夕日が優しく降り注ぎ、床に反射した陽光は観音様を黄金色に輝かせる。

正面に座す金色の十一面観世音菩薩は前立仏だが、本尊も後ろに鎮座しており拝顔できる

本堂には尊仏はもちろん、額や掛け軸もたくさん並び、眺めているだけでも楽しい

ご朱印は本堂横の庫裡で受付。寺名の通り聖観世音菩薩を本尊に祀る寺は、伊豆八十八ヶ所霊場39番札所にもなっている

札所の観音さま
十一面観世音菩薩

ご真言
おん まか きゃろにきゃ そわか

DATA　MAP P6-2

| | |
|---|---|
| 創　建 | 元和年間（1615〜1624年） |
| 所在地 | 下田市須崎615 |
| 電　話 | 0558-22-3187 |
| アクセス | 東海バス・須崎海岸行き終点下車・徒歩約3分、国道135号線「中島橋」交差点より車で約11分 |
| 駐車場 | 有（数台分） |

周辺情報▶須崎・爪木崎遊歩道、玉泉寺、ハリス記念館、須崎御用邸、九十浜海水浴場

[第23番札所までの所要時間] 車で12分 ◀◀



# 補陀庵

【ふだあん】

曹洞宗

## たおやかな容姿に癒される平安後期の美仏

本尊の聖観世音菩薩。江戸時代は行基菩薩作と伝えられていたそうだ。実際は、一木造など手法は古様でも作風は温和なことから、平安後期の作と考えられる

上_下田港の東側にコブのように突き出た須崎半島　下_内陣左手に祀られる薬師如来。現住職の意向で、いつでも拝顔できるのがありがたい

草創などは不詳だが、かつて堂は近くの観音山にあり、明治の廃仏毀釈で本寺の観音寺に吸収。建物はなくなったものの、本尊の聖観世音菩薩も合祀されたため、札所は残った。この本尊は、11世紀の本格的な作品という美仏で、穏やかな表情に心が安らぐ。また、ここにはもう一体、別所から来た薬師如来がある。こちらも下田市最古とされる平安後期の名像で、ともに市の指定文化財だ。

ご朱印は21番・観音寺で一緒に受付。観音菩薩の住む南海の山を補陀洛山というが、ここは須崎の人々にとって、まさに観音様の住む場所なのかもしれない

札所の観音さま

聖観世音菩薩

ご真言

おん　あろりきゃ　そわか

DATA

MAP P6-2

| | |
|---|---|
| 創建 | 不詳 |
| 所在地 | 下田市須崎615(観音寺に吸収 |
| 電話 | 0558-22-3187 |
| アクセス | 東海バス・須崎海岸行き終点下車・徒歩約3分、国道135号線「中島橋」交差点より車で約11分 |
| 駐車場 | 有(数台分) |

周辺情報▶須崎・爪木崎遊歩道、玉泉寺、ハリス記念館、須崎御用邸、九十浜海水浴場

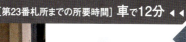

［第24番札所までの所要時間］車で1分

伊豆横道三十三観音

# 第23番

【伊豆八十八ヶ所霊場第42番】
【伊豆国七福神弁財天霊場】

草創は不詳だが、1555年に専有和尚が再興したという長楽寺。日露条約の他、日米和親条約批准書の交換も行われた史跡でもある

## 条約締結の舞台に祀る松陰が愛した聖観音

# 大浦山 長楽寺【ちょうらくじ】

高野山 真言宗

ペリーロードを少し入った高台に建つ寺は、福泉寺に代わって日露交渉の場となり、和親条約が締結された名所。伊豆八十八ヶ所42番札所でもあるが、本霊場の札所は、もとは宝光院長命寺だった。宝光院は、幕末には密航に失敗した吉田松陰の拘禁所となるも明治初期に廃止。本尊・聖観世音菩薩の移転に伴い札所も当寺が引き継いだ。松陰も信仰した尊仏は、現在宝物館に安置する。

右_宝物館には開国由来の資料などがズラリ。札所本尊・聖観世音菩薩も、作者と伝えられる聖徳太子像とともに安置されている　左_参道左手に建つ鐘楼。これは昭和51年の再建

ご朱印は本堂右手の庫裡にて受付。札所本尊は聖観世音菩薩だが、寺院本尊は鍋田の海中から出現したという薬師如来。また伊豆国七福神弁財天霊場でもある

札所の観音さま
聖観世音菩薩

ご真言
おん　あろりきゃ　そわか

DATA　MAP P6-2

| | |
|---|---|
| 創建 | 草創不詳（1555年〈弘治元年〉中興） |
| 所在地 | 下田市3-13-19 |
| 電話 | 0558-22-0731 |
| アクセス | 伊豆急・伊豆急下田駅より徒歩約13分、東海バス・下田海中水族館行き「了仙寺」下車・徒歩約2分 |
| 駐車場 | 有（無料） |

周辺情報▶了仙寺、ペリーロード、下田開国博物館、唐人お吉記念館、下田海中水族館

上_中興の祖・戸田忠次の墓。遺骨は故郷の愛知県田原に移されている

下_山門右手には種田山頭火の句碑も

上_再建された寺は、建築家でもある現住職がデザイン。左が本堂、右が法堂だが、睡蓮の池を渡って極楽の世界へ行くイメージだ　下_山門の扁額「長松山」の文字は山岡鉄舟の筆。こちらは写しで、実物は法堂にかかる。メインストリートから山門への参道も清々しい

## 初代城主が中興し今なお進化する伊豆の禅寺

# 長松山 泰平寺【たいへいじ】

**臨済宗 建長寺派**

開国の史跡が残る下田市街地に建つ寺は、奈良時代草創とされ、1590年に初代下田城主・戸田忠次が再興したという由緒を持つ。忠次の墓は、一時故郷・三河国田原に移されたが、曾孫の山城守が1690年に再建。市の指定文化財となっている。歴史深い古刹は近年、現住職の手でモダンに生まれ変わった。「南国伊豆の禅寺」を追求した空間には、緩やかな極楽の世界が広がる。

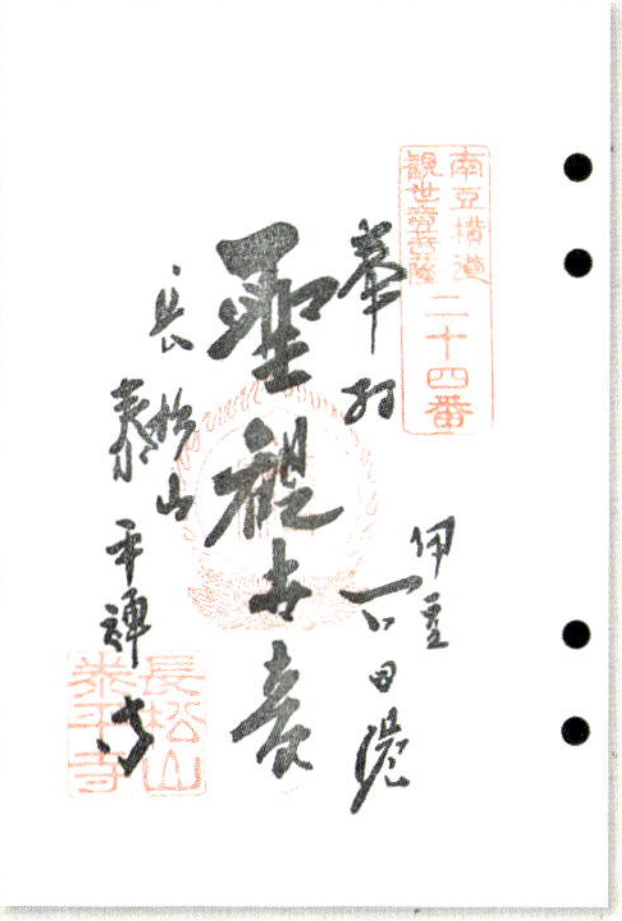


ご朱印は山門左手にある寺務所にて受付。観光寺ではないため、境内の一般立ち入りは不可だが、毎月1日と15日は門扉が開かれ、外から拝観できる

札所の観音さま
聖観世音菩薩

ご真言
おん　あろりきゃ　そわか

DATA　MAP P6-2

| | |
|---|---|
| 創建 | 奈良時代（1590年〈天正18年〉再興 |
| 所在地 | 下田市4-6-7 |
| 電話 | 0558-22-3037 |
| アクセス | 伊豆急・伊豆急下田駅より徒歩約7分、国道135号線「中島橋」交差点より車で約1分 |
| 駐車場 | 有（無料） |

周辺情報▶了仙寺、ペリーロード、下田開国博物館、唐人お吉記念館

[第26番札所までの所要時間] 車で19分

伊豆横道三十三観音

# 第25番

【伊豆八十八ヶ所霊場 第52番】

資料の焼失で草創は不明。天保12年の火災を唯一免れた山門の正面に建つのは位牌堂で、右手の庫裡の半分を改築して設えたのが本堂だ。下田市郊外の山寺は静かで落ち着く

弘法大師のゆかりが残る山里の名刹

## 少林山 曹洞院【そうとういん】

曹洞宗

左甚五郎が手掛けたという山門から広がる境内は、森閑として心が静まる。戦国中期に曹洞宗に改め再興した寺は、もとは弘法大師の真言宗永禅庵が始まりで、密教道場として大いに栄えたという。札所本尊の十一面観世音菩薩は、明治初期に統合した末寺の楊林寺からの客仏。庫裡を改装した本堂には、寺院本尊の大日如来をはじめ、平安仏の薬師如来など貴重な古仏を祀る。

平安時代の作とされる薬師如来座像は下田市指定文化財。入江長八の弟子による欄間のこて絵など、見所も多い

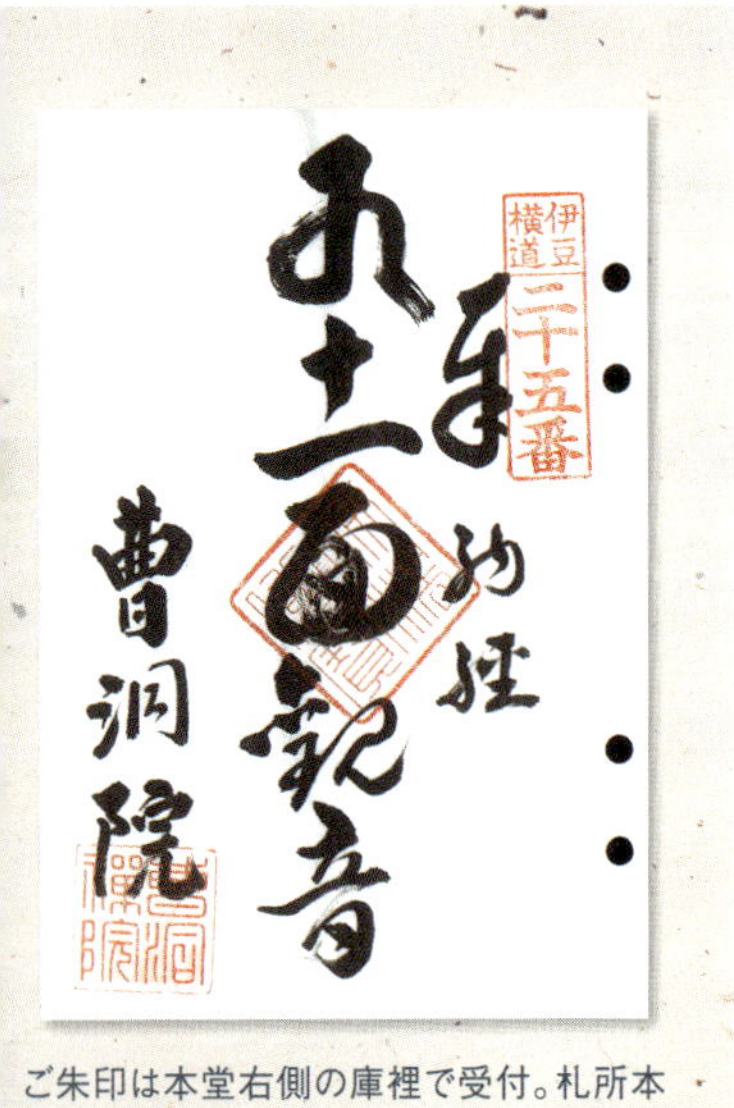


ご朱印は本堂右側の庫裡で受付。札所本尊は十一面観世音菩薩で、寺院本尊は胎蔵界大日如来。伊豆八十八ヶ所52番札所でもある

本堂裏の庭には、弘法大師が使ったという大師池があり、「この水で書を習うと上達する」という伝承がある

札所の観音さま
十一面観世音菩薩

ご真言
おん まか きゃろにきゃ そわか

DATA　MAP P6-2

| | |
|---|---|
| 創　建 | 不詳(1532年〈天文元年〉に再興) |
| 所在地 | 下田市大賀茂89 |
| 電　話 | 0558-22-8781 |
| アクセス | 東海バス・下賀茂行き「寺口」下車・徒歩約3分、国道135号線「中島橋」交差点より車で約8分 |
| 駐車場 | 有(無料) |

周辺情報▶敷根公園、入田浜海水浴場、吉佐見大浜海水浴場、田牛海水浴場、龍宮窟

伊豆横道三十三観

# 第26番

【伊豆八十八ヶ所霊場 第55番】

本堂脇に建つ経蔵には539巻の「紙本墨書大般若経」を奉納。伊豆に伝えられた平安時代唯一の文字資料として、大正8年に国の重要文化財に指定

悠久の歴史を物語る国重文の「大般若経」

# 飯盛山 修福寺【しゅうふくじ】

曹洞宗

海の近くとは思えない、鬱蒼とした森の中。寺は奈良大安寺の別院と言われる石門寺が前身で、1534年に曹洞宗に改め移転再興したという。草創は不明だが、1130年に源盛頼と大江通国が書写した「大般若経」（国重要文化財）が、寺の歴史と由緒を物語る。慈覚大師作と伝わる札所本尊の十一面観世音菩薩は、統合された泉源寺からの客仏で、室町後期の胎内仏を含むのが特徴だ。

上_室町後期から江戸初期にかけて活躍した寂用英順和尚が、師の實堂宗梅和尚を開山に再興。当初は南伊豆町青市の大寺山にあったという　下_堂内左側の観音堂には泉源寺から移された三十三観音を祀る。これは同寺の僧が34回西国霊場を巡拝し、1回につき1体ずつ霊場本尊を勧請したもの

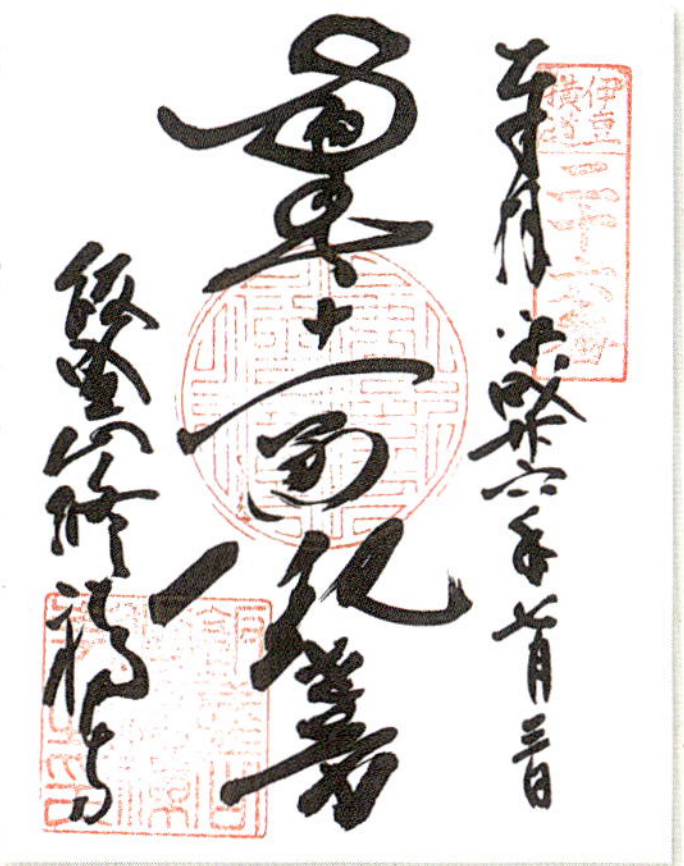

ご朱印は本堂右手の庫裡にて受付。札所本尊は十一面観世音菩薩だが、寺院本尊は薬師如来で、伊豆八十八ヶ所55番札所でもある

札所の観音さま

十一面観世音菩薩

ご真言

おん　まか　きゃろにきゃ　そわか

DATA

MAP P6-2

| | |
|---|---|
| 創建 | 不明（1534年〈天文3年〉再興） |
| 所在地 | 賀茂郡南伊豆町湊662 |
| 電話 | 0558-62-0445 |
| アクセス | 東海バス・休暇村行き「みなとクリニック」下車・徒歩約3分 |
| 駐車場 | 有（無料） |

周辺情報▶弓ヶ浜海水浴場、手石の弥陀岩屋

伊豆横道三十三観音
# 第27番
【伊豆八十八ヶ所霊場 第64番】

草創時は真言宗の金嶽山慈雲院と称したが、その後衰退。温泉療養で訪れた香雲寺5世佛華為長が1559年に曹洞宗に改め中興開山したという

湯けむり香る禅寺の「ガマガエルの恩返し」

# 金嶽山 慈雲寺【じうんじ】

曹洞宗

湯けむり上る青野川のほとりに佇む寺には、「ガマの袈裟」の民話が残る。昔、境内の池のガマガエルが、大洪水で千本松原に漂着した際、人間に化身。「これは毎日和尚様のお経を聞いて功徳を得たおかげ」と住職に25条織りの見事な袈裟を差し出したという。その袈裟は今も寺宝で残る。札所本尊は、裏山の岩谷寺から移された聖観世音菩薩。実は平安後期作とされる貴重な仏像である。

中央が札所本尊。もともと札所は岩谷寺だったことから「岩谷観音」と呼ばれている

別称「ガマ寺」の境内にはカエルの石仏がズラリ。裏の池にはガマだけでなくモリアオガエルなど4種類のカエルが生息しているそうだ

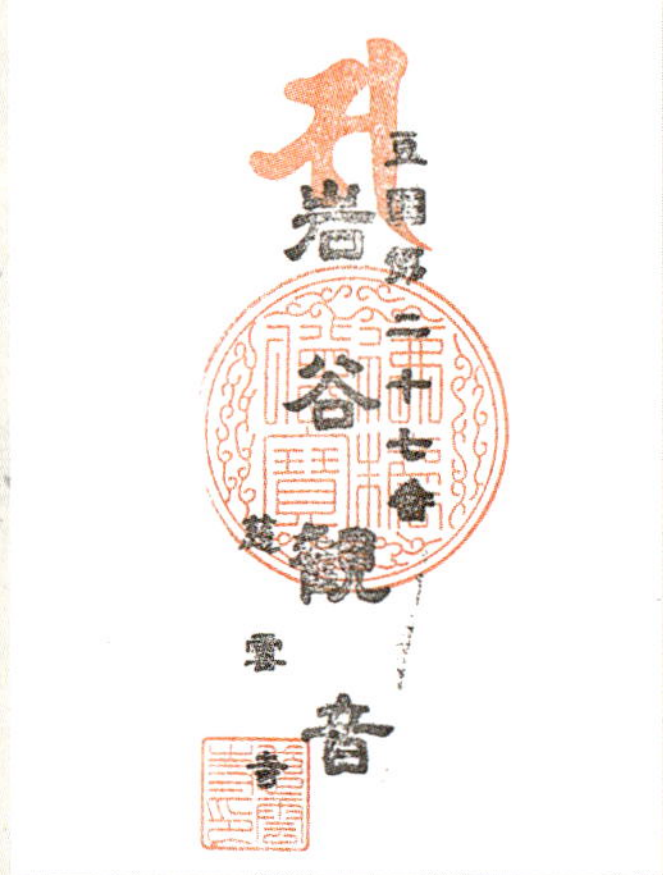

ご朱印は本堂右手の庫裡で受付。札所本尊の聖観世音菩薩は客仏だ。寺院本尊には美麗な宝冠釈迦如来を祀り、伊豆八十八ヶ所64番札所でもある

札所の観音さま
聖観世音菩薩

ご真言
おん あろりきゃ そわか

DATA　MAP P6-2

| | |
|---|---|
| 創建 | 不詳（1559年〈永禄2年〉再興） |
| 所在地 | 賀茂郡南伊豆町下賀茂433 |
| 電話 | 0558-62-1658 |
| アクセス | 国道136号線「日野」交差点より車で約5分 |
| 駐車場 | 有（無料） |

周辺情報▶下賀茂温泉、道の駅下賀茂温泉湯の花、熱帯植物園

［第29番札所までの所要時間］ 車で11分

伊豆横道三十三観

第28番

伊豆特有の西風から身を守るように、寺は小山を背に東向きに建つ。境内にはどこか親しみやすい空気が流れ、心が和む

小さな漁村に寄り添う大慈大悲の観音様

# 東向山 大慈寺【だいじじ】

臨済宗 建長寺派

白砂の弓ヶ浜から下流へ南下すると、海岸の景色は突然岩礁に変わる。小さな漁村を見下ろす高台に建つ臨済宗の寺は、室町時代初期に大澤和尚が開山したという。その後、3度の火災に遭い、現在の堂宇は14世圭山和尚が1773年に再建。10㎝強の小さな聖観世音菩薩を祀る本堂には、三島市龍澤寺の高僧・山本玄峰禅師が記した「大悲殿」の文字が力強く踊る。

境内には、入り口から裏の墓地を通って輪を描くように四国八十八ヶ所の巡礼塔が点在。一周すれば四国一周と同様の功徳が得られるという

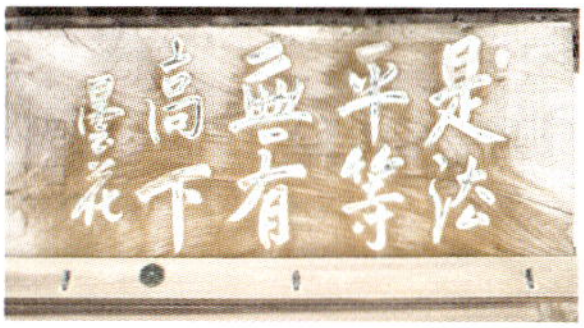


本堂外陣の扁額「是法平等無有高下」は、鎌倉建長寺元管長の菅原時保禅師の筆。堂内の「東向山」も同じだ

ご朱印は本堂右手の庫裡にて受付。本尊は室町時代後期の作とされる11㎝程の聖観世音菩薩で、他にも同様の小さな聖観音を2体祀る

札所の観音さま
聖観世音菩薩

ご真言
おん あろりきゃ そわか

DATA

MAP P6-2

| | |
|---|---|
| 創　建 | 1431年（1773年〈安永2年〉再興） |
| 所在地 | 賀茂郡南伊豆町下流523 |
| 電　話 | 0558-65-0330 |
| アクセス | 東海バス・石廊崎行き「下流」下車・徒歩約4分、国道136号線「日野」交差点より車で約10分 |
| 駐車場 | なし |

周辺情報▶手石の弥陀岩屋

[第30番札所までの所要時間] 車で18分 ◀◀

伊豆横道三十三観音

第29番

【伊豆八十八ヶ所霊場 第58番】

# 迫力の墨龍が睨みをきかす霊場最南端の札所

## 稲荷山 正眼寺

【しょうげんじ】

臨済宗 建長寺派

上_本堂天井一面には、見開いた目で睨みをきかす墨龍が描かれ、迫力満点　下_門前の大岩の上に安置された青面金剛像は庚申塔。光背型で下部には三猿が彫られているのが特徴

巡礼道はいよいよ伊豆最南端の石廊崎へ。地域最奥の山に構える寺は、1351年に真際和尚が開いたという。享保年間には、江戸との交流で村が繁栄する一方で衰弱したが、14世獲麟和尚の尽力により再建された。この頃の作像と思われる本尊の聖観世音菩薩は、昭和49年の伊豆半島沖地震で倒壊。その後修復され、眼光鋭い墨龍の天井画が見張る本堂に再び鎮座する。

石廊崎は目と鼻の先ながら、奥地の寺からは海は見えない。明治10年に石廊崎にあった観音堂を、さらに明治23年には守源寺を吸収合併している

DATA

MAP P7-4

| | |
|---|---|
| 創　建 | 1351年(観応2年) |
| 所在地 | 賀茂郡南伊豆町石廊崎18 |
| 電　話 | 0558-65-0242 |
| アクセス | 東海バス石廊崎・吉祥行き「寺坂」下車・徒歩約2分 |
| 駐車場 | なし |

周辺情報▶石廊埼灯台、石室神社、蓑掛岩、南伊豆亜熱帯公園、ヒリゾ浜、ユウスゲ公園、南伊豆町ジオパークビジターセンター

札所の観音さま

聖観世音菩薩

ご真言

おん　あろりきゃ　そわか

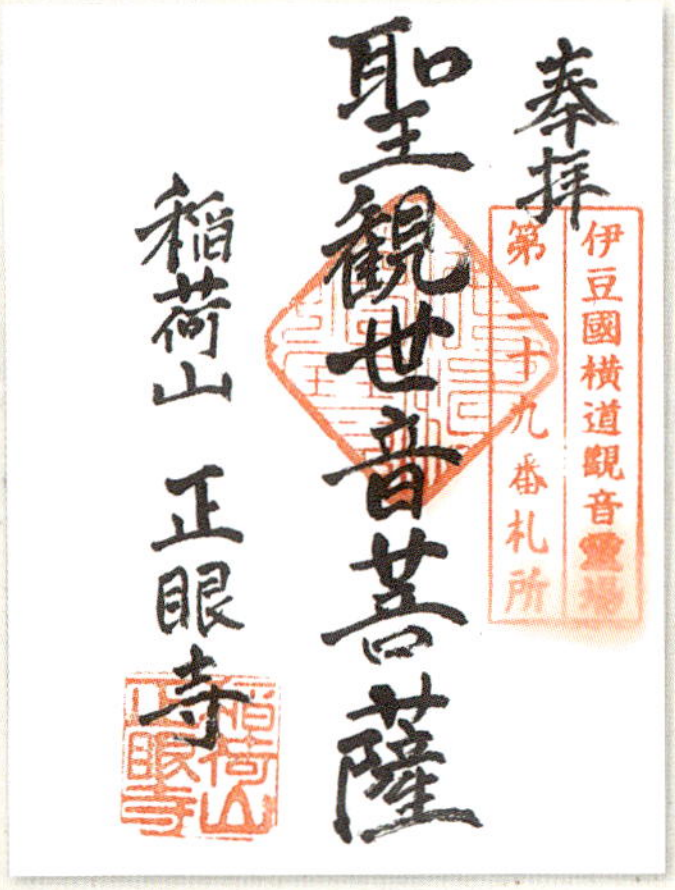



ご朱印は本堂右手の庫裡で受付。本尊の聖観世音菩薩のほか、明治期に吸収した観音堂と守源寺の本尊(聖観音と釈迦如来)も合祀。伊豆八十八ヶ所58番札所でもある

［第31番札所までの所要時間］車で17分



［伊豆八十八ヶ所霊場第59番
伊豆国七福神
布袋尊天霊場

どこか南国の雰囲気が漂う本堂。本尊には弥勒大菩薩を祀り、伊豆八十八ヶ所59番札所になっているほか、伊豆国七福神子育て布袋尊天霊場でもある

## ニール号慰霊塔が悲劇を語る入間のお多福寺

# 瑞雲山 海蔵寺【かいぞうじ】

臨済宗 建長寺派

奥石廊の絶景を眺めながら向かう寺は、明治7年に入間沖で沈没したフランスの郵船ニール号の遭難者を弔ったことで有名だ。その慰霊塔は海を見晴らすように墓地にそびえる。寺の前身は中木にあった天台宗の堂で、天文年間に鎌倉禅興寺の英仲和尚を請じて改宗開山。2世光巌和尚が当地に移したという。平安後期作の札所本尊・十一面観世音菩薩は、南伊豆を代表する仏像の一つだ。

右_墓地に建つニール号遭難者慰霊塔。乗員乗客90名中生存者は4名、入間海岸に打ち上げられた31遺体を寺で埋葬し、手厚く弔った　左_別称「お多福寺」の境内にはお多福像がいっぱい

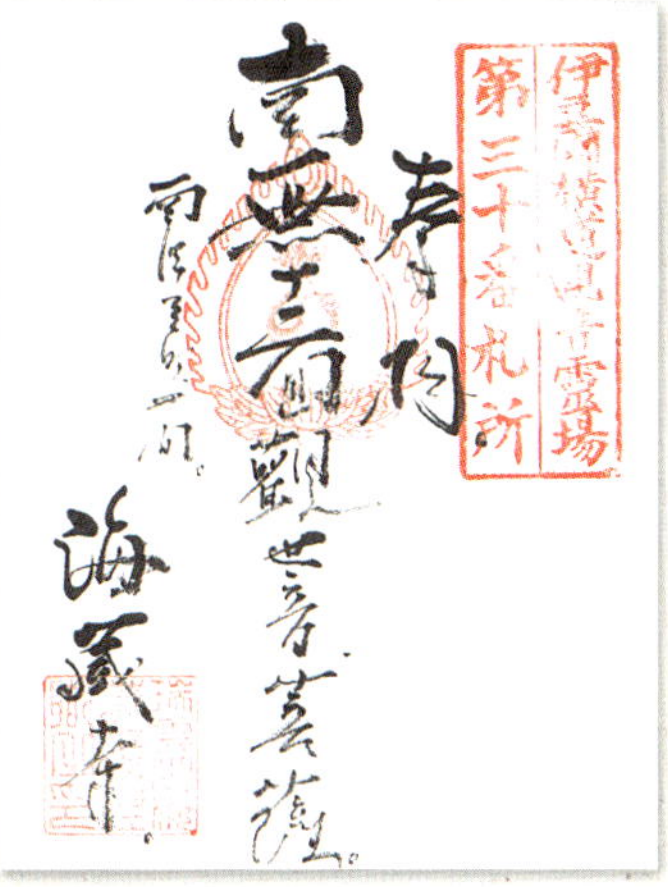


ご朱印は本堂右手の庫裡で受付。札所本尊の十一面観世音菩薩は、近くの瀬戸屋私堂に安置されていた念持仏を6代達三和尚が譲り受けたものという

札所の観音さま

十一面観世音菩薩

ご真言

おん　まか
きゃろにきゃ　そわか

DATA　MAP P7-4

| | |
|---|---|
| 創　建 | 不詳(天文年間に再興) |
| 所在地 | 賀茂郡南伊豆町入間949 |
| 電　話 | 0558-65-0883 |
| アクセス | 東海バス入間・仲木方面行き「入間中」下車・徒歩2分、国道136号線「日野」交差点より約22分 |
| 駐車場 | 有(20台:無料) |

周辺情報▶石廊埼灯台、石室神社、ヒリゾ浜、ユウスゲ公園、奥石廊崎、千畳敷

伊豆横道三十三観音
# 第31番
【伊豆八十八ヶ所霊場第60番
伊豆国七福神
福禄寿尊天霊場】

寺は伊豆八十八ヶ所60番、伊豆国七福神福禄寿尊天霊場も兼ねる。真言宗では2015年は高野山開創1200周年だが、当寺では秘仏本尊・大日如来の60年に一度の開帳年にあたる

## 妻良港のように懐が深い巡拝者の拠り所

# 龍燈山 善福寺【ぜんぷくじ】

高野山 真言宗

懐深い入り江の妻良は、かつては帆船の風待ち港として繁栄。1855年に幕艦「昌平丸」が入港した際は、勝海舟が当寺に滞在した。寛永の頃に了快上人が開いたというが詳細は不明。天保年間には心蓮和尚が三島神社再建や飢饉時の援助など尽力し、村人の物心の拠り所となった。四国霊場の「お砂踏み」をはじめ功徳と慈悲に満ちた寺には、今も各地から巡拝者が訪れる。

本堂右の間にある「お砂踏み場」。四国八十八ヶ寺を巡拝して集めた砂を袋に詰めてある

大日如来を祀る宮殿型厨子の見事な龍の彫刻は、松崎の名工・石田半兵衛の作。また、左側には勝海舟が滞在した部屋も残る

札所本尊の十一面観世音菩薩は、廃寺になった妙智寺観音堂からの客仏という。ご朱印受付場所は本堂内にあり、事前連絡すればお接待も受けられるなど、巡拝者に親切だ

札所の観音さま
十一面観世音菩薩

ご真言
おん まか きゃろにきゃ そわか

DATA　MAP P7-4

| | |
|---|---|
| 創建 | 寛永年間(1624～1644) |
| 所在地 | 賀茂郡南伊豆町妻良809 |
| 電話 | 0558-67-0647 |
| アクセス | 東海バス堂ヶ島・伊浜行き「妻良」下車・徒歩約2分、国道136号線「日野」交差点より約27分 |
| 駐車場 | 有(無料) |

周辺情報▶海上アスレチック、三島神社

伊豆横道三十三観
第32番

上_国道136号から見た妻良湾。手前が子浦で、対岸に見えるのが妻良の集落だ。海を渡れば近いが、陸路は昔「妻良の七坂、子浦の八坂」と言われたように険しい山道だった　下_本堂外陣にかかる扁額の文字は山岡鉄舟の筆。庫裡に保管する書を、地元大工が板に写して彫り上げたものだ

上_現在は手石・青龍寺の副住職が兼務するが日中は留守が多く、堂内は自由に拝観できる　下_中央の聖観世音菩薩が山本瑞雲の作。奈良期の古様に従った仏像は趣がある

## かつては老中が宿にした潮風香る子浦の禅寺

# 龍麗山 潮音寺

【ちょうおんじ】

臨済宗 建長寺派

善福寺からは妻良湾の対岸に位置する西子浦。

住宅街の細道をすり抜けた先に佇む寺は、1493年、禅興沢叟禅師の開山というが、詳細は不明だ。ただ、1793年に老中・松平定信が伊豆を巡札した際、当寺に一泊した。本尊は聖観世音菩薩で、現在本堂中央に祀るのは、地元出身の政治家・小泉策太郎が大正13年に寄進したもの。熱海出身で高村光雲に学んだ山本瑞雲の作である。

現在は住職が兼務（手石の青龍寺）で常住していないため、不在の場合は本堂（出入り自由）に常置されているご朱印を各自で押印し、お代を所定の箱に納める。ただし、今後は地区管理に戻る可能性もあり

**札所の観音さま**

聖観世音菩薩

**ご真言**

おん　あろりきゃ
そわか

## DATA

MAP P7-4

| | |
|---|---|
| 創　建 | 1493年（明応2年）※不詳 |
| 所在地 | 賀茂郡南伊豆町子浦1795 |
| 電　話 | 0558-67-0205 |
| アクセス | 東海バス堂ヶ島・伊浜行き「子浦」下車・徒歩約9分、国道136号線「日野」交差点より約31分 |
| 駐車場 | なし |
| 周辺情報 | 西林寺、子浦日和山遊歩道 |

伊豆横道三十三観音
第33番
【伊豆八十八ヶ所霊場第71番
伊豆国七福神
寿老尊天霊場】

「粟の長者」伝説の端緒となった長寿観音

# 翁生山 普照寺【ふしょうじ】

真言宗 高野山派

793年草創と伝えられる真言宗の寺は、1464年に盛賢和尚が再興した。2階建ての本堂1階は檀家の納骨堂になっており、入り口には閻魔大王と奪衣婆が鎮座する

子浦からマーガレットラインを北上すると、いよいよ霊場のクライマックスへ到着だ。垂木の丹色が鮮やかな本堂は、どこか異国的で、観音菩薩が住むという南国の補陀洛山を思わせる。

その昔、一角なる者が夢告に従い主人の念持観音を海に投じたが、793年正月三日に伊浜の漁師が本像を引き上げ、堂に安置。それを知って信心篤くした一角は、再び観音様の夢告で粟を得て蛇野ヶ原

門前左脇に建つ石塔は1777年造営、その他境内には天正時代の供養塔や真言宗の象徴である五輪塔、石仏などが数多く並ぶ

本堂と庫裏を結ぶ渡廊に掛けられた梵鐘は、盛賢和尚が再興時に奉納したもの。伊豆南部最古の釣鐘として県の指定文化財になっている

DATA

MAP P7-4

| | |
|---|---|
| 創　建 | 793年（延暦12年） |
| 所在地 | 賀茂郡南伊豆町伊浜1289-1 |
| 電　話 | 0558-67-0953 |
| アクセス | 東海バス・伊浜行き終点下車・徒歩約8分、国道136号線「日野」交差点より約47分 |
| 駐車場 | 有（無料※寺院裏手） |

周辺情報▶波勝崎苑、マーガレットライン

堂内も近代的な装い。本尊の聖観世音菩薩（通称・長寿観音）は、正月三日の午前中のみ開帳される秘仏。彩色は落ち、欠損もあるが、それがまた荒波にもまれた風情を醸し出す

札所の観音さま

聖観世音菩薩

**ご真言**

おん　あろりきゃ
そわか

ご詠歌

はるばると
身にふれ来る
おひずるを
清めおさむる
伊浜普照寺

### ポイント

梵鐘の他に、1320年に大中臣友綱が寄進した鰐口、南北朝時代に書写された紙本墨書大般若経・泰庵筆500巻が静岡県の文化財に指定されている。

に蒔くと、豊作となり家は富み栄えたという。これは民話「粟の長者」の概略だが、その堂こそ当寺の前身であり、行基菩薩作と伝わる聖観音菩薩である。実際の本尊は平安後期作とされるが、その幽玄な姿と、かつては陸の孤島と呼ばれた秘境の地には、伝説とロマンがよく似合う。

ご朱印は本堂左手の庫裡にて受付。本霊場結願所であるほか、伊豆八十八ヶ所71番、伊豆国七福神霊場寿老人尊天の札所にもなっている

伊浜海岸もまた、山が海に迫る伊豆独特の地形。一角が粟を蒔いた寺北東部の一帯は、長者ヶ原と言われ山ツツジの名所になっている

# 駿河一国三十三観音札所めぐり

島田市から沼津市まで、静岡県の中東部をまたぐように点在する駿河一国三十三観音の札所。東西に長いエリアは、ほぼ旧東海道に沿う形で連なるため、随所に歴史の痕跡を感じることができるとともに、豊かな食文化と出合う機会も多い。交通網が発達していることも魅力だ。

## おすすめモデルコース

第3番　智満寺
↓5.0km
第18番　慶寿寺
↓6.4km
第2番　東光寺
↓7.2km
第1番　清水寺
↓3.6km
第5番　洞雲寺
↓4.4km
第4番　清林寺
↓4.0km
第6番　観音堂
↓5.6km
第7番　補陀洛寺
↓8.7km
第8番　梅林院
↓7.0km
第9番　観音寺
↓7.7km
第10番　法華寺
↓9.3km
第11番　安養寺
↓5.8km
第12番　徳願寺
↓5.3km
第13番　歓昌院
↓5.3km
第14番　耕雲寺
↓2.8km
第15番　建穂寺
↓5.2km
第16番　増善寺
↓11.2km
第17番　法明寺
↓14.8km
第19番　清水寺
↓7.7km
第20番　平澤寺
↓6.1km
第21番　霊山寺
↓7.1km
第22番　鉄舟寺
↓8.0km
第23番　瑞雲院
↓8.3km
第24番　最明寺
↓1.4km
第25番　大法寺
↓4.3km
第26番　龍雲寺
↓15.0km
第27番　大悟庵
↓17.2km
第28番　妙善寺
↓3.9km
第29番　福聚院
↓11.0km
第30番　廣大寺
↓8.7km
第31番　長谷寺
↓2.1km
第32番　蓮光寺
↓2.1km
第33番　潮音寺
↓25.0km
番　外　東光寺

1

# 御朱印めぐりコラム②

【服装・持ち物について】

服装に厳密な決まりはないが、華美にならない清浄なもので、しかも歩きやすい服装がベター。車でまわるにしても、駐車場から境内までは急坂・石段を登らなければならないところも多いため、靴も足になじんだものにするのが賢明だ。

ちなみに、白衣の上に輪袈裟をかけ、手甲脚絆を付けて頭には菅傘、手には念珠と金剛杖を持つというのが、昔からの巡礼スタイル。可能であれば、輪袈裟と念珠だけでも身につけたい（ただし、この2つはトイレや食事の際は必ず外すこと）。

また、その他の持ち物としては、線香、ロウソク、経本、ご朱印帳（納経帳）、納札や、札所の地図・ガイドブックなどを必要に応じて準備するといい。

[第2番札所までの所要時間] **車で15分** ◀◀

駿河一国三十三観音

# 第01番

【藤枝七福神 大黒尊天霊場】

本堂(観音堂)。当初は元清水の山頂で12伽藍を有する大寺院だったが、戦国期に焼失し、江戸初期に移転。称徳天皇が父・聖武天皇の13回忌供養に納めた「縁生論巻」は県の重要文化財だ

## 音羽山 清水寺【きよみずでら】

真言宗 高野山派

### 聖武天皇の勅願で創建した藤枝きっての名刹

右_清涼感漂う境内は、諸堂のほかにも藤枝市七福神のひとつ大黒尊天など見どころも多い　左_藤枝市総合運動公園の脇道を登って行くと、不動の滝の先に寺の入口が現れる

心正して石段を上がれば、崇高な山門越しに緑に包まれた観音堂が見えてくる。聖武天皇の勅願により、726年に行基菩薩が十一面千手観音像を刻んで創建し、817年に巡錫中の弘法大師が中興。由緒ある霊験あらたかな寺は花山法皇や源頼朝が篤い信仰を寄せ、今川、武田、徳川からも保護された。寺宝には称徳天皇が納めた貴重な「縁生論巻」がある。

ご朱印は本堂右手の寺務所で受付。ここにはお守りなども多数並ぶ。札所本尊は秘仏の十一面千手千眼観世音菩薩だが、藤枝七福神霊場の大黒尊天も祀る

札所の観音さま

十一面千手千眼観世音菩薩

ご真言

おん　ばさら　たらま
きりく　そわか

DATA

MAP P45-4

| | |
|---|---|
| 創　建 | 726年(神亀3年) |
| 所在地 | 藤枝市原6-1 |
| 電　話 | 054-641-8302 |
| アクセス | しずてつバス「清水山口」下車・徒歩約20分、新東名・藤枝岡部ICより車で約18分 |
| 駐車場 | 有(約30台、大型可) |

周辺情報▶藤枝市総合運動公園

川沿いに100mほど北上した場所にある観音堂。緑の中の佇まいが美しい

上_室町時代には今川氏の保護のもとに栄えたという寺には、貴重な古文書も数多く残り、11通が島田市指定文化財に。寺名が地名になっていることからも、大寺の面影が伺える　下_観音堂の左手にある日吉神社。4月の大祭「猿舞」は、県の無形民俗文化財に指定されている

## 古き民族芸能に由緒が伺える島田宿北東の寺

# 池澤山 東光寺【とうこうじ】

天台宗

東光寺谷川の起点に構える寺は、８３０年に慈覚大師が開いたと言われる島田市の古刹。本尊を祀る札所は本堂から少し北の森の中にある。飛び地の境内には、木漏れ日に朱が映える姿の良い観音堂のほか弘法大師堂と日吉神社が鎮座。この地主神で毎年４月に行われる「猿舞」は全国でも珍しい民俗芸能で、地域の子ども２人が猿の面を付け、舞を奉納する。

### DATA

MAP P45-4

| | |
|---|---|
| 創　建 | 830年(天長7年) |
| 所在地 | 島田市東光寺557 |
| 電　話 | 0547-37-5723 |
| アクセス | JR六合駅よりタクシーで約15分、国一バイパス東光寺ICより車で約3分 |
| 駐車場 | 有(無料) |

周辺情報▶特になし

### 札所の観音さま

千手千眼観世音菩薩

### ご真言

おん　ばざら　たらま　きりく　そわか

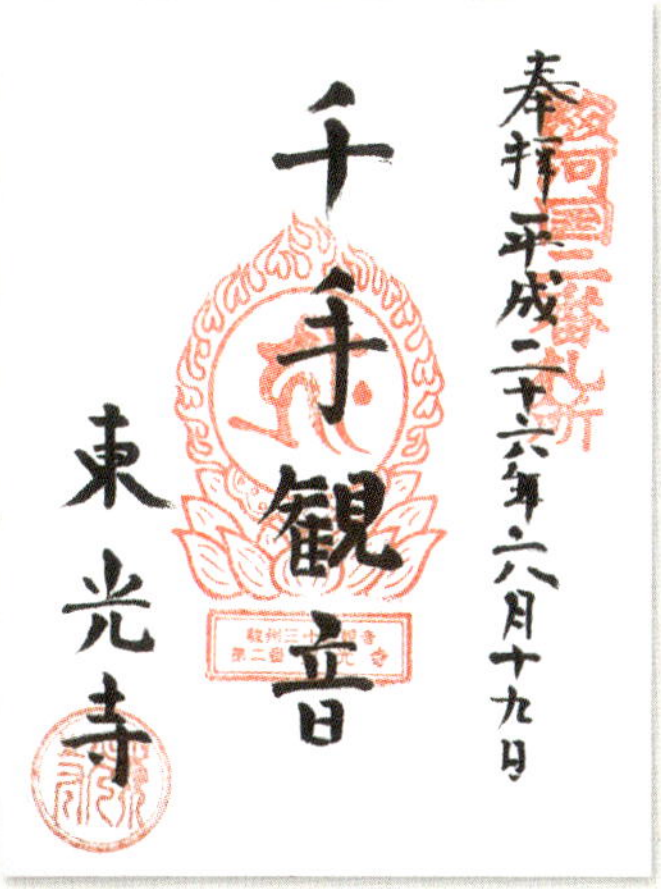


本尊は千手千眼観世音菩薩。ご朱印は本堂横の庫裡でいただける(9:00〜16:00頃まで)。観音堂が少し離れているので、先にご朱印をお願いし、その間に参拝するのもいいだろう

［第4番札所までの所要時間］車で45分 ◀◀
［第18番札所までの所要時間］車で12分 ◀◀

駿河一国三十三観音
第03番

重要文化財も豊富な島田のパワースポット

# 千葉山 智満寺【ちまんじ】

天台宗

1589年に徳川家康によって再建された本堂は、本尊の千手千眼観世音菩薩とともに国の重要文化財。威風漂いつつもどこか優しさを覚える茅の屋根は、15年ごと葺き替えられる

標高496mの千葉山上に構える天台宗の古刹。荘厳な茅葺屋根の伽藍が並ぶ境内は、何とも神秘的だ。奈良時代、巡業中の廣智菩薩が、奇瑞の雲たなびく当山の霊気の中で千手観音を感得。お告げに従い、光仁天皇から賜った行基菩薩作と伝わる尊仏像を祀ったのが寺の興りという。治承年間には源頼朝の命で普請奉行の千葉常胤が諸堂を再建。その後も今川氏、徳川氏の帰依を受け保護された。

比叡山中興の祖であり、「おみくじ」の創始者としても知られる元三大師を祀るのも特徴。大変な法力を持つことから「魔除けの神様」としてお札にもなっている

仁王門も徳川家康の造営で、県の指定文化財。勇壮な木造の金剛力士像が左右で寺を守る

DATA

MAP P45-4

| | |
|---|---|
| 創　建 | 771年（宝亀2年） |
| 所在地 | 島田市千葉254 |
| 電　話 | 0547-35-6819 |
| アクセス | JR島田駅よりタクシーで約20分、国一バイパス野田ICより車で約15分 |
| 駐車場 | 有（無料） |

周辺情報▶天徳寺

102-0093

東京都千代田区平河町一丁目1―8
麹町市原ビル4F

メイツ出版株式会社
編集部　行

申し訳ありません。
切手を
お貼りください。

郵便はがき

※さしつかえなければご記入ください。

| | |
|---|---|
| お買い上げの本の題名 | |
| あなたのお名前　　男・女　　歳 | お買い求め先（書店,生協,その他） |
| ご住所<br>〒<br>Tel.<br>Fax.　　e-mail | |

※こちら（http://www.mates-publishing.co.jp/voice）からも承っております。

書のご感想、あなたの知っているとっておきの情報、お読みにな
たいテーマなど，なんでもお聞かせください。
ちら（http://www.mates-publishing.co.jp/voice）からも承っております。

ありがとうございました。

雄大な十本杉（3本は倒木）には、それぞれ頼朝杉、子持杉、盛相杉、経師杉、開山杉、達磨杉、一本杉、大杉、常胤杉、雷杉と名前と伝承がある。いずれも国の天然記念物だ

札所の観音さま

千手千眼観世音菩薩

ご真言

おん　ばざら
たらま　きりく

ご詠歌

罪深く
とも迷わじな
ただたのめ
千葉の御山の
深きちかいを

**ポイント**

廣智菩薩は唐招提寺開創の鑑真和上の孫弟子。鑑真は、法孫が開山する時は自身の師・智満禅師の名を付けるよう話したことが「智満寺」の由来という。

ここに来たら、ぜひ山頂の奥の院まで参拝したい。阿修羅権現を祀る堂の周辺には、樹齢千年を数える十本杉が点在。巨木に包まれた霊域は、まさに「観音様の浄土」と呼ぶにふさわしい。重要文化財も豊富なパワースポットは、きっと心身を浄化してくれることだろう。

本堂内陣。本尊の千手千眼観世音菩薩は、前立仏の後ろにある本尊厨子に安置されている。普段は秘仏で、60年に一度開帳される（直近では平成6年）

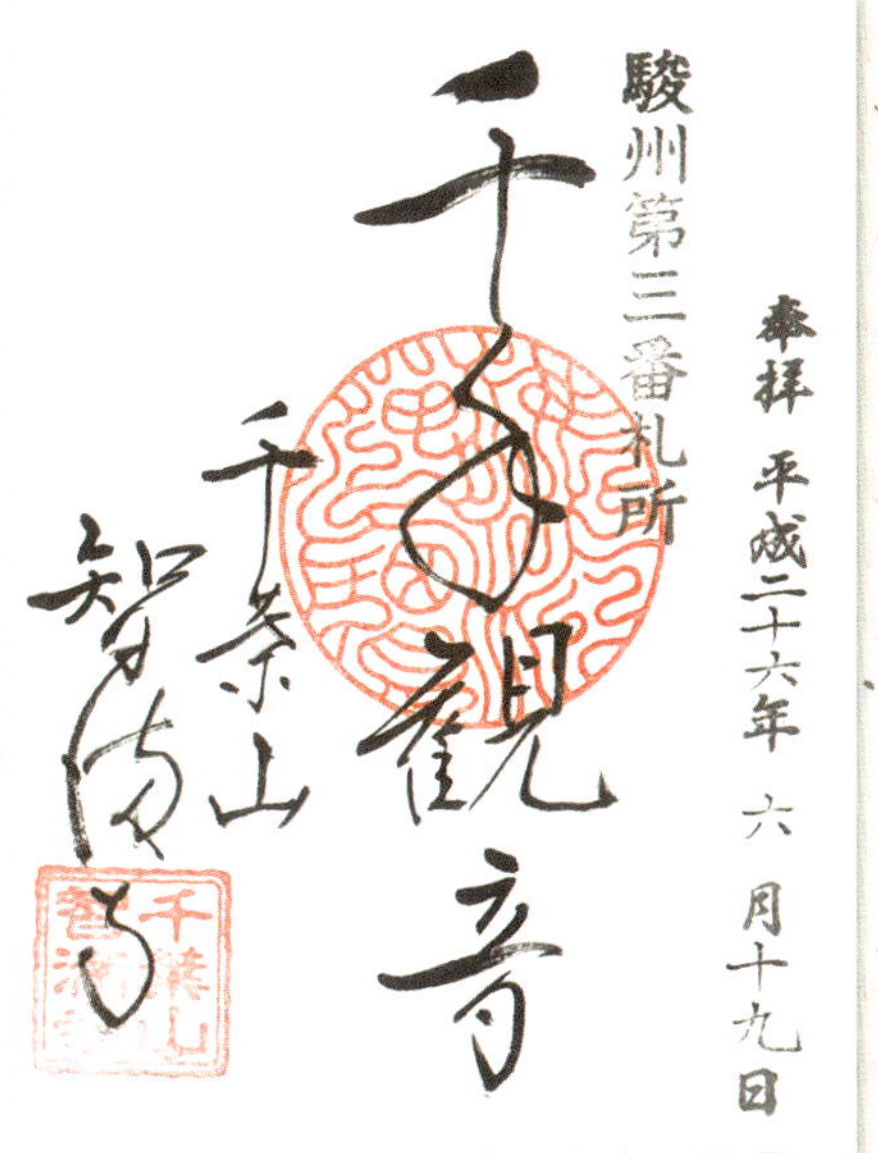


ご朱印は本堂右奥の庫裡で、9:30〜16:00頃を目安に受付。6番札所・村岡山観音堂（旧満願寺）の管理寺であり、同所のご朱印もいただけるので、一緒に依頼するのがおすすめ

# 御朱印めぐり コラム③

**【観世音菩薩について】**

一般に、「観音さん」と呼ばれて親しみのある観音菩薩は、正式には「観世音菩薩」または「観自在菩薩」などという。願いや救いの声（音）をすぐさま聞き入れ、衆生をよく観て、苦難から自在に救い出してくれる、慈悲を司る菩薩だ。そのため「大慈大悲」とも表現され、昔から庶民の間でも広く信仰されてきた。

『観音経』では、観音菩薩が人間界に現れる時は、相手や場所に応じて僧や女性、鬼など33の姿に化身し、人々を救済するとされている。観音霊場の33カ所はこれに由来する。さらに、一切衆生の救済という信仰から、聖観世音菩薩を基本形に、様々な姿形と能力を備えた変化観音が誕生したと言われている。

**【六（七）観音の種類と特徴】**

**①聖観世音菩薩《しょうかんぜおんぼさつ》**

【六道】地獄道

観音菩薩の根本形。一面二臂（顔が一つで手が2本）で、頭上の宝冠に阿弥陀如来の化仏があり、多くは左手に蓮華や水瓶を持つ。単独でも本尊となるが、勢至菩薩とともに阿弥陀如来の脇侍として造形されることも。一切の苦難を除去し全ての願いを叶えてくれる。

**②千手千眼観世音菩薩《せんじゅせんげんかんぜおんぼさつ》**

【六道】餓鬼道

千本の手すべてに目があるため「千手千眼」が正式名称。千の慈眼で衆生を見つめ、千の手で全ての人々を自在に救う。奈良・唐招提寺や大阪・葛井寺の像は実際に千本の手があるが、通常は42本に省略された形がほとんどで、錫杖、輪宝、独鈷杵などの法具を持つ。頭上には化仏を載せ、十一面などで表される。

**③十一面観世音菩薩《じゅういちめんかんぜおんぼさつ》**

【六道】修羅道

頭上に10または11の小面を載せる。頭上の顔は、正面3面が穏やかな表情の慈悲面、左3面（向かって右側）が悪人を懲らしめ正しく導く瞋怒面、右3面が善行の者を誉めて精進を促す狗牙上出面、後方1面は悪を笑い飛ばし教化する暴悪大笑面、さらに頭頂に仏面を置く。

**④馬頭観世音菩薩《ばとうかんぜおんぼさつ》**

【六道】畜生道

頭上に馬の頭を乗せる。全ての苦悩や災難などの魔障を粉砕し、破壊する性格が明王に通じていることから、怒りの姿で表現されるようになった。三面八臂が最も多く、胸前の2手で魔を降伏する力を持つ「馬口印」を結ぶのも独特。牛馬など家畜の保護や旅の安全を守る。

**⑤如意輪観世音菩薩《にょいりんかんぜおんぼさつ》**

【六道】天道

福と財産をもたらす宝珠と、煩悩を砕き衆生の迷いを取り除く法輪を操る。密教の広がりとともに六臂像が主流となり、右の第一手で頬杖をつく思惟の姿と右膝を立てて両足の裏を合わせる輪王坐をとる。福徳のほか子授け、安産、長寿のご利益もある。

**⑥准胝観世音菩薩《じゅんていかんぜおんぼさつ》**

【六道】人道

准胝とは「清浄」の意味で、「准胝仏母」「七倶胝仏母」とも呼ばれるように、諸仏諸菩薩の母と言われている。一面三目18臂が一般的な像形。本来は悟りを得る方法などを説く観音だが、安産や子授け、夫婦和合などのご利益も。

**⑦不空羂索観世音菩薩《ふくうけんじゃくかんぜおんぼさつ》**

【六道】人道

「羂索」とは鳥獣や魚を捕まえる狩猟用の網のこと。衆生の苦しみや困惑をもれなく網で救ってくれる。一面三目に手は6臂か8臂が一般的。難事成就、無病息災、財産守護をはじめ、20種類ものご利益を司るとも言われる。

駿河一国三十三観

第04番

# 広峰山 清林寺

【せいりんじ】

曹洞宗

中年にだけ拝顔できる霊験あらたかな観音様

草創時は華厳宗の正法寺という大寺だったが、水野監物の中興を経て、1636年に祖海和尚が曹洞宗・清林寺として再興。すぐ裏手を東海道新幹線が走る街中にありながら、静謐な空間が広がる

藤枝市街地にあるとは思えない清々しさ漂う寺だが、705年に奈良東大寺の義淵僧正が開いたと伝わる古く由緒ある歴史を持つ。義淵僧正作とも行基菩薩作とも言われる本尊の聖観世音菩薩には伝説があり、鎌倉期末の争乱時、兵火を逃れて2~3丁北の霊泉清水の中へ。1612年に田中城主・水野監物の夢に現れ、地中から掘り出されたという。

右_参道入り口に並ぶ石仏の中には、珍しい牛頭観音の姿も

## ご詠歌

妙音の
ひびきもここに
高柳
緑の色も
清林の寺

ご朱印は本堂右手の書院で受付。檜一本彫りの本尊・聖観世音菩薩は秘仏で、12年に一度、申年10月に開扉される(直近では2016年)

## 札所の観音さま

聖観世音菩薩

**ご真言**

おん あろりきゃ そわか

## DATA

MAP P45-4

| | |
|---|---|
| 創建 | 705年(慶雲2年) |
| 所在地 | 藤枝市高柳2425 |
| 電話 | 054-635-1396 |
| アクセス | JR西焼津駅から徒歩約20分、東名・焼津ICより車で約15分 |
| 駐車場 | 有(無料) |

周辺情報▶蓮華寺池公園

駿河一国三十三観音
第05番
【藤枝七福神 寿老尊天霊場】

家康が立ち寄った際に献上したという「藤八柿」の昔話も残る寺は、蓮華寺公園にも近い。本堂は大正5年の再建だが、手入れが行き届いて気持ち良い

# 龍池山 洞雲寺【とううんじ】

曹洞宗

## 秀吉や家康にもゆかりの深い藤枝宿の名刹

728年、巡錫中の青峰白眼僧正が裏山の洞窟で断食修行をしていると、洞窟から白雲が湧き起こり、雷鳴とともに小池から龍が躍り出たという奇瑞から「龍池山洞雲寺」と称す堂を開いたのが始まりという。寺を崇拝し朱印地を保護した豊臣秀吉を中興開基とし、徳川家康も関ケ原出陣の折に休憩するなど、江戸時代には藤枝宿の名刹として知られた。

右_藤枝七福神・寿老尊天の霊場でもある寺の境内には、何とも親しみやすい顔の石仏が。延命長寿・家業繁栄の神様だ　左_すっきり整えられた本堂内陣。寺院本尊の釈迦牟尼如来を中央に、手前に観音霊場本尊の聖観世音菩薩を祀る

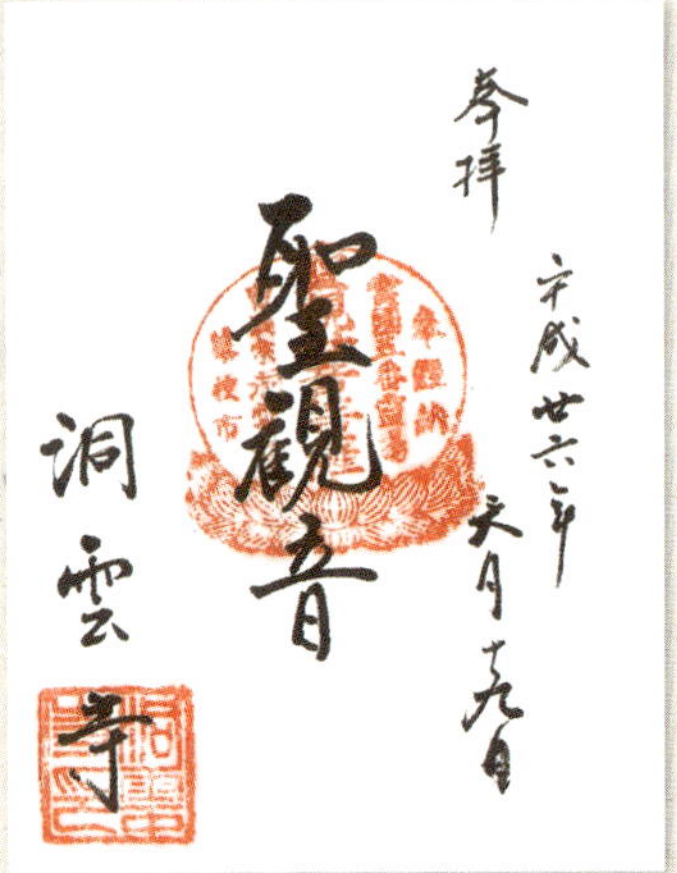


ご朱印は本堂右手の庫裏で受付(8:00〜17:00頃まで)。札所本尊は聖観世音菩薩だ。ここでは藤枝七福神霊場のご朱印もいただける

札所の観音さま
聖観世音菩薩

ご真言
おん　あろりきや　そわか

DATA　MAP P45-4

| | |
|---|---|
| 創建 | 728年(神亀5年) |
| 所在地 | 藤枝市藤枝5-2-28 |
| 電話 | 054-641-1011 |
| アクセス | 国一バイパス谷稲葉ICまたは薮田西ICより車で約6分 |
| 駐車場 | 有18台(無料) |

周辺情報▶蓮華寺池公園、大慶寺、田中城下屋敷

## 歴代の田中城主も守護祈願所とした観音堂

# 村岡山 観音堂

【かんのんどう】

天台宗

武田信玄が建てた稲荷社と、徳川家康を祭神とする権現社を合祀した田中神社がある

弘法大師作と伝わる本尊の聖観音菩薩は、もとは鎌倉杉本寺に祀られていたが、1333年の争乱時に難を避けて滑川に飛び込み、焼津の浜当目に漂着。巨岩上で輝く姿を発見されると、徳一色（田中）城主・一色信茂の命で村岡山に移され、満願寺が開かれたという。廃寺となった今も観音堂は残り、毎年8月には祭典も開催。地元で大切に守られている。

現在、観音堂は修復中で、写真は明治期に建てられた以前のもの。屋根正面の向拝（ひさし）部分に支柱がないのが特徴で、高度な技を持つ大工の遊び心で生まれた珍しい形状という。今は無住だが、毎年8月9日には堂を開扉して祭典が行われている

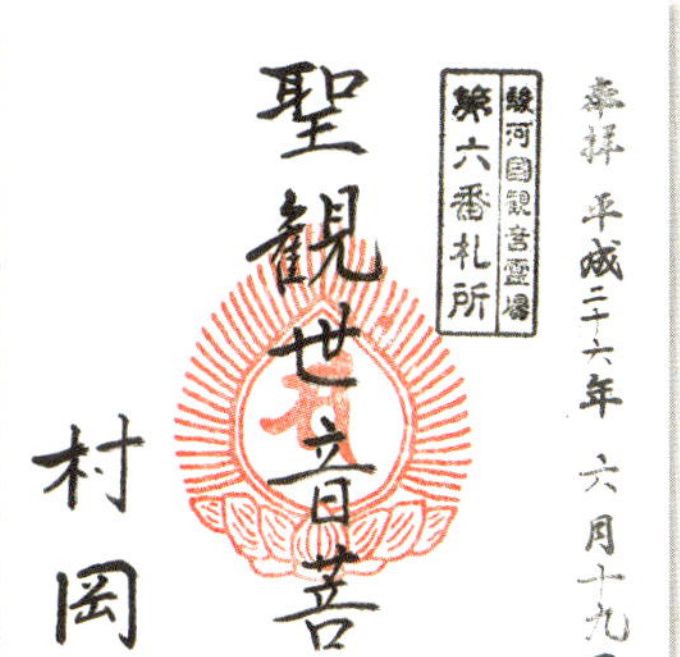


ご朱印は管理寺である第3番札所・智満寺か、境内から徒歩3分ほどにある小澤商店（藤枝市大手1-28-2/TEL054-641-0360）でいただける

### 札所の観音さま

聖観世音菩薩

**ご真言**

おん あろりきゃ そわか

### DATA

MAP P45-4

| | |
|---|---|
| 創　建 | 応安年間（1368～1375年） |
| 所在地 | 藤枝市郡726-1 |
| 電　話 | なし |
| アクセス | 国一バイパス広幡ICまたは薮田西ICより車で約6分 |
| 駐車場 | 有（無料） |

周辺情報▶蓮華寺池公園、田中城下屋敷

駿河一国三十三観音
第07番

里の緑に抱かれたお堂といった雰囲気の寺は、昭和の合併を経て平成7年に再興。その際、かつて「補陀落」と記した名を「補陀洛」に改めた

## 歴史の里の激動を見守り続けた馬頭観音

# 普門山 補陀洛寺【ふだらくじ】

曹洞宗

花倉の山里にひっそり佇む寺は、７２５年、行基菩薩が聖坪山に開いたという伝承を持つ。戦国動乱期に一時廃れるも１６０５年に脱心和尚が再興。さらに昭和43年に盤脚院に合併されたが、観音霊場の信仰も篤い古刹のため、寺名表記を「補陀洛」に改め復活した。本尊の馬頭観世音菩薩も行基作と言い、本開帳は70年、半開帳は35年に一度の秘仏である。

右_本開帳は70年に一度という馬頭観世音菩薩を祀る堂内。最近では平成5年に開帳された。次期本開帳は平成75年　左_堂内に飾られたご詠歌。観音菩薩の降り立つ山とされる「補陀落」に思いが馳せる

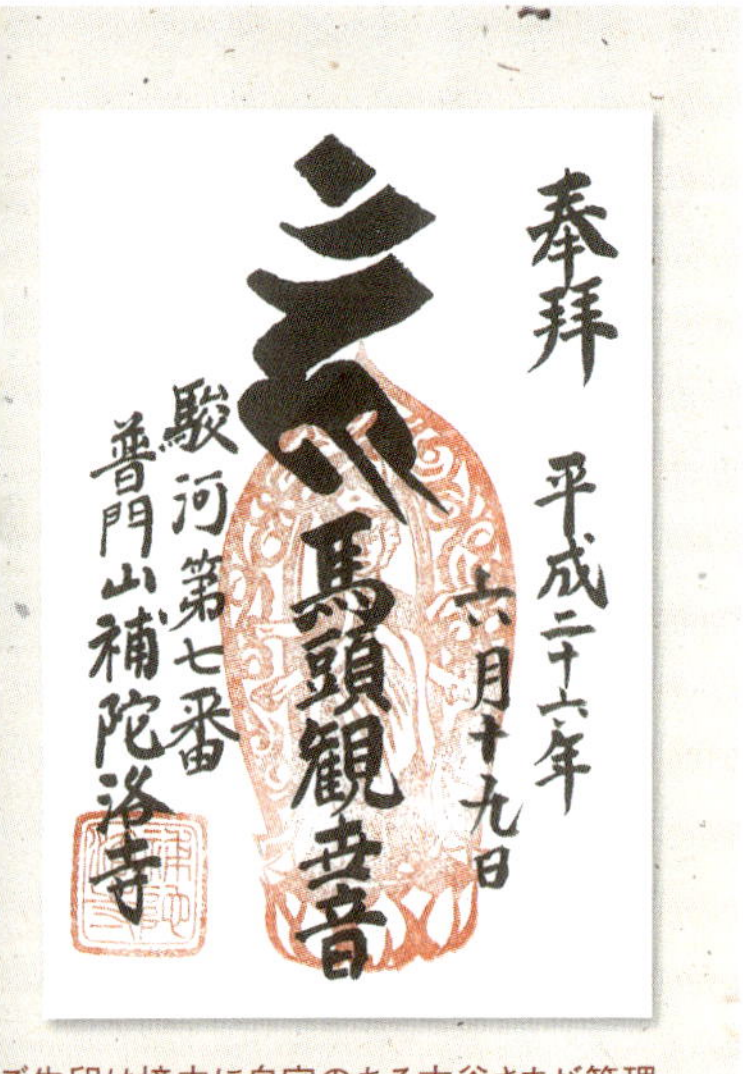


ご朱印は境内に自宅のある古谷さまが管理。事前連絡がベター（TEL0546-38-0716）だが、不在時は本堂内に押印済み用紙を準備してもらえるので、各自お代を納めていただく

**札所の観音さま**
馬頭観世音菩薩

**ご真言**
おん　あみりとう　どはんば　うん　はった

DATA　MAP P45-4

| | |
|---|---|
| 創　建 | 725年（神亀2年） |
| 所在地 | 藤枝市花倉1038 |
| 電　話 | なし |
| アクセス | 国一バイパス薮田西ICより車で約7分 |
| 駐車場 | 有（無料、大型車侵入不可） |

周辺情報▶花倉城跡、八幡神社（葉梨郷社）、偏照寺

[第9番札所までの所要時間] 車で14分

駿河一国三十三観
第08番

ずっしりとした本堂をはじめ、広い境内に伽藍が並ぶ格の高い寺は、魔除けで入口に飾る「十団子」の発祥地でもある

# 微笑みの木喰仏と魔除け「十団子」発祥の地

## 谷川山 梅林院【ばいりんいん】

曹洞宗

草創は不明だが、1488年に遠州石雲院七哲と呼ばれた俊傑の一人・界巌繁越が郷士・朝比奈氏の支援を受け、曹洞宗梅林院として開創した。大寺の落ち着き漂う境内に佇む観音堂は、廃寺になった元神入寺で札所本尊とともに移転。「子安観音」と呼ばれる一本造りの仏像は、木喰上人が江戸後期に全国行脚して彫ったもので、優しい微笑顔が特徴だ。

朱の柱が鮮やかな鐘楼堂は昭和56年に改築。傘下の彫刻八面は、名棟梁・寺坂初太郎氏の日夜辛苦の作という

観音堂には子安観音(聖観世音菩薩)と薬師如来の2体の木喰仏が安置。ともに藤枝市指定の有形文化財だ

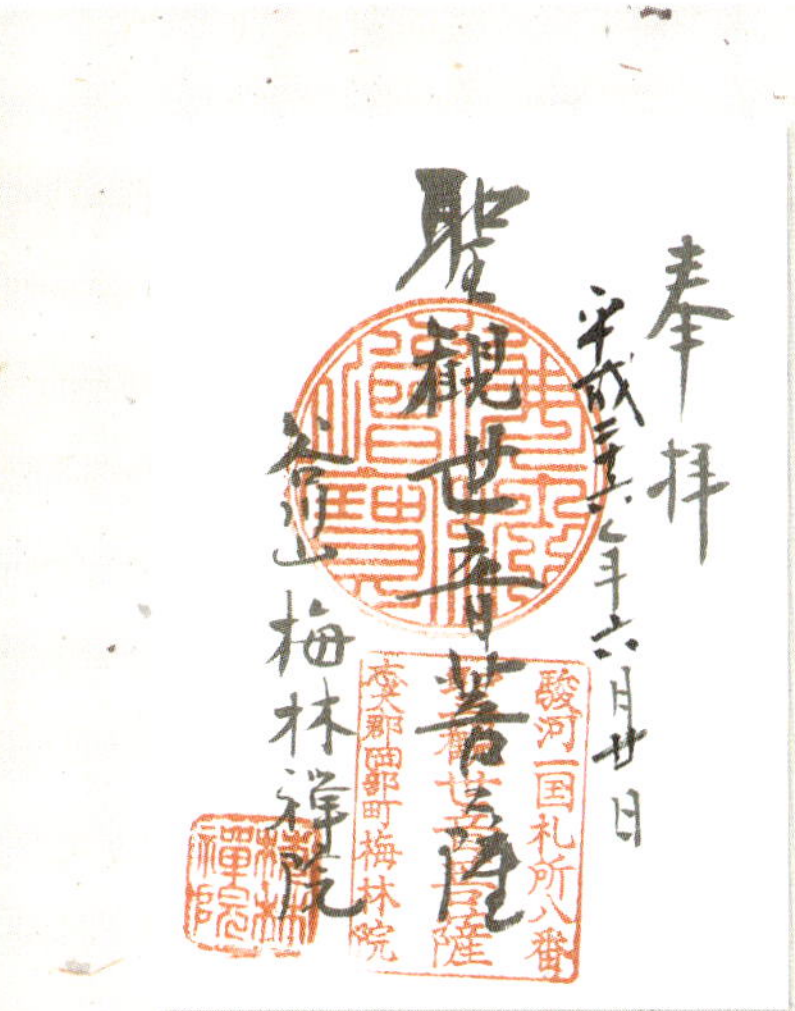


ご朱印は本堂右手の庫裡で受付。札所本尊は元神入寺の聖観世音菩薩だが、梅林院の本尊は十一面千手観世音菩薩になる

札所の観音さま

聖観世音菩薩

ご真言

おん あろりきゃ そわか

DATA

MAP P45-4

| | |
|---|---|
| 創建 | 1488年(長享2年) |
| 所在地 | 藤枝市岡部町桂島964 |
| 電話 | 054-667-0863 |
| アクセス | JR焼津駅よりタクシーで約20分、新東名・藤枝岡部ICより車で約7分 |
| 駐車場 | 有(100台・無料) |

周辺情報▶岡部宿大旅籠柏屋、玉露の里

[第10番札所までの所要時間] 車で20分

駿河一国三十三観音
第09番

厄除け・子授けにご利益ある「当間の観音様」

# 普門山 観音寺
【かんのんじ】

曹洞宗

現在は無住だが、法要等は本寺・梅林院住職が兼務。昭和60年の開帳時に躰内仏が発見された

広幡小学校脇の住宅地に佇む小さな寺は、今川氏の旧臣・安達家14代盛宗が、先祖代々受け継いできた持念仏を安置する堂として、梅林院8世圓洲舜光を開山に創建。本尊の聖観世音菩薩は、源頼朝が伊豆で旗揚げした時から七騎の家臣の一人として尽力した初代が、石橋山合戦で敗れた際に譲り受けた由緒正しい仏様。厄除け・子授けに霊験ありという。

右_本尊周りに配されていた三十三観音は、震災時に倒れたため、今は一か所に集めて保管。拝観することができる　左_清掃も行き届いた堂内には、満願成就で奉納された古い絵馬なども並び、霊場信仰の篤さが伺える

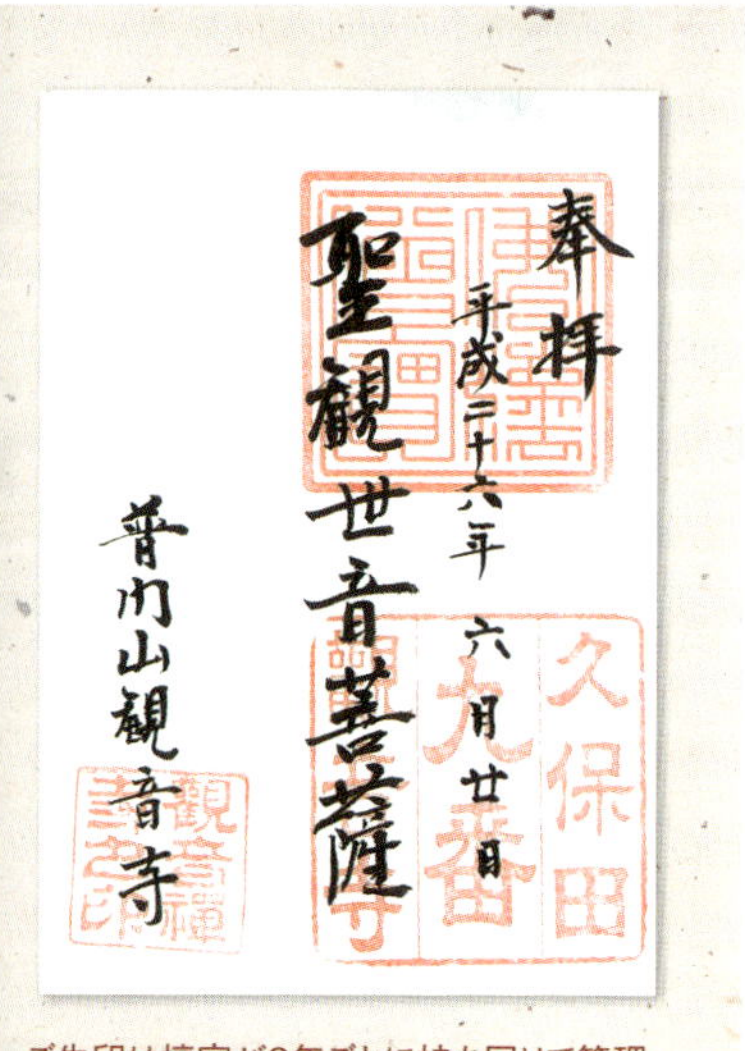


ご朱印は檀家が2年ごとに持ち回りで管理。庫裡入口に担当者の案内がある。一般家庭なので連絡は9:00～16:00頃を目安にしたい

札所の観音さま
聖観世音菩薩

ご真言
おん　あろりきゃ　そわか

DATA　MAP P45-4

| | |
|---|---|
| 創　建 | 1593年(文禄2年) |
| 所在地 | 藤枝市下当間1099 |
| 電　話 | なし |
| アクセス | しずてつバス「法の橋」下車・徒歩約5分、国一バイパス広幡ICより車で約3分 |
| 駐車場 | 有(3台:無料) |

周辺情報▶田中城下屋敷

[第11番札所までの所要時間] 車で18分

駿河一国三十三観

# 第10番

【焼津七福神 弁財尊天霊場】

上_1703年に藤枝の大工・伊左衛門によって建立された仁王門は、焼津市の指定文化財　下_花沢は焼津市北方にある山間の村。30戸ほどの集落は伝統的建造物保存地区として、昔ながらの情緒ある景観をつくり出している

女性たちの信仰を集める「花沢の乳観音」

# 高草山 法華寺

【ほっけじ】

天台宗

日本の原風景を残す花沢の里。その北端にある山寺は、古くから「子育て観音様」として女性の信仰を集めてきた。かつては門前に気根が乳のように垂れた大銀杏があり、昔、隣村の嫁が祈願すると幹から観音様が現れ、以降は乳も良く出て赤児は元気に育ったと言う。本尊は行基菩薩作と伝わる千手観世音菩薩、他に県文化財指定の木造聖観音立像を祀る。

本堂。行基菩薩が天平年間に開いたと言われるが不詳。戦国時代に武田信玄・勝頼による花沢城攻略戦で焼失するも、1692年より再建された

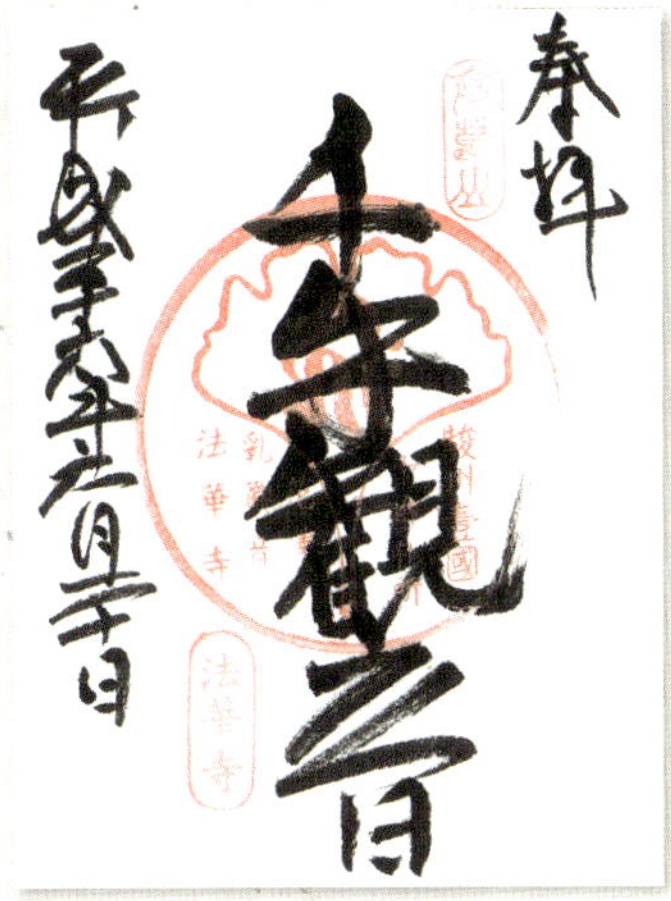


ご朱印は本堂左の庫裡で受付。駿河一国観音霊場で唯一の焼津市札所は、焼津七福神弁財尊天の霊場でもある。麓には無料駐車場があるので、郷愁を誘う山村の景色を散策したい

札所の観音さま

千手千眼観世音菩薩

ご真言

おん　ばざら　だるま　きりく　そわか

DATA

MAP P44-2

| | |
|---|---|
| 創　建 | 天平年間(729～749年) |
| 所在地 | 焼津市花沢2 |
| 電　話 | 054-626-0905 |
| アクセス | 東名・焼津ICより車で約15分 |
| 駐車場 | 有(門前有料300円、徒歩約15分 下に花沢の里無料駐車場あり) |

周辺情報▶やきつべの小径、長屋門造り家並み、花沢の里ハイキングコース

［第12番札所までの所要時間］ 車で14分

駿河一国三十三観音
第11番

## 日本坂への途次に佇む観音さんとお不動さん

# 佛谷山 安養寺【あんようじ】

曹洞宗

阿弥陀如来を本堂に祀る安養寺は、今川氏歴代の保護を受けたほか、徳川家康とも縁が深く、お手植えの蜜柑の木（今は2代目）や拝領した金蒔絵の香炉などが残る

安養寺は、伊豆の土肥二郎実平が、源頼朝に従って石橋山合戦で敗れ、この地に落ちのび自刃した7騎の家来を弔うため開創したという。札所の観音堂は車で5分ほどの日本坂への途次にあり、昔は雲龍山萬福寺と称した。ミカン畑の広がる森の中にひっそり佇む堂の向かいには、ひすいの滝を背にした滝見不動が祀られ、どこか神秘的な空気が流れている。

右_札所本尊は聖観世音菩薩で、毎年8月第一土曜日には観音大祭も開催。寺からは少し距離があるが、長閑な小坂の集落から日本坂へ通じる山道を昔に思いを馳せながら散策するのも楽しかろう　左_観音堂の正面には、ひすいの滝が流れ落ち、その脇に滝見不動を祀る。地元人にはお不動さんの方が認知度が高いようだ

ご朱印は安養寺の庫裏で受付。霊場巡りでは札所がメインになるが、本寺も由緒があり、本堂はじめ鐘楼や水琴窟など趣ある境内は見どころも多いので、ぜひあわせて参拝したい

### 札所の観音さま

聖観世音菩薩

**ご真言**
おん　あろりきゃ　そわか

### DATA

MAP P44-2

| | |
|---|---|
| 創　建 | 1187年 |
| 所在地 | 静岡市小坂1426 |
| 電　話 | 054-259-2440 |
| アクセス | しずてつバス「安養寺前」下車・徒歩約3分 |
| 駐車場 | 有（無料） |

周辺情報▶滝見不動、日本坂

駿河一国三十三観音

# 第12番

【安倍七観音霊場
駿河・伊豆両国横道
三十三観音霊場第28番

山茶花の先に奥ゆかしく座す北川殿の菩提寺

# 大窪山 徳願寺【とくがんじ】

曹洞宗

木立に隠れるように建つ本堂。寺宝には今川義元、武田家、徳川家康の朱印状などを多数所蔵し、特に1549年に寿桂尼(氏親の正室)から寄進されたものは天覧を賜った

上_山茶花の道は表参道だけでなく、裏道もある。どちらも風情があるのでぜひ両方を歩いてみたい。花の見頃は11月上旬　下_北条早雲の妹であり、今川義元の祖母にあたる女性は、安倍川の支流・北川のほとりに居宅があったことから、その名がついたという

前身は扇松峰仏平にあった真言宗の山岳密教寺院で、本尊には安倍七観音のひとつの千手千眼観世音菩薩を奉安。1457年に曹洞宗に改め、今川家7代氏親の生母・北川殿を開基に創立したという。清楚な石畳の表参道、古道の趣がある裏参道とも、冬には山茶花のトンネルが静謐な境内に彩りを添えるほか、静岡市街地と富士を一望する景勝地でもある。

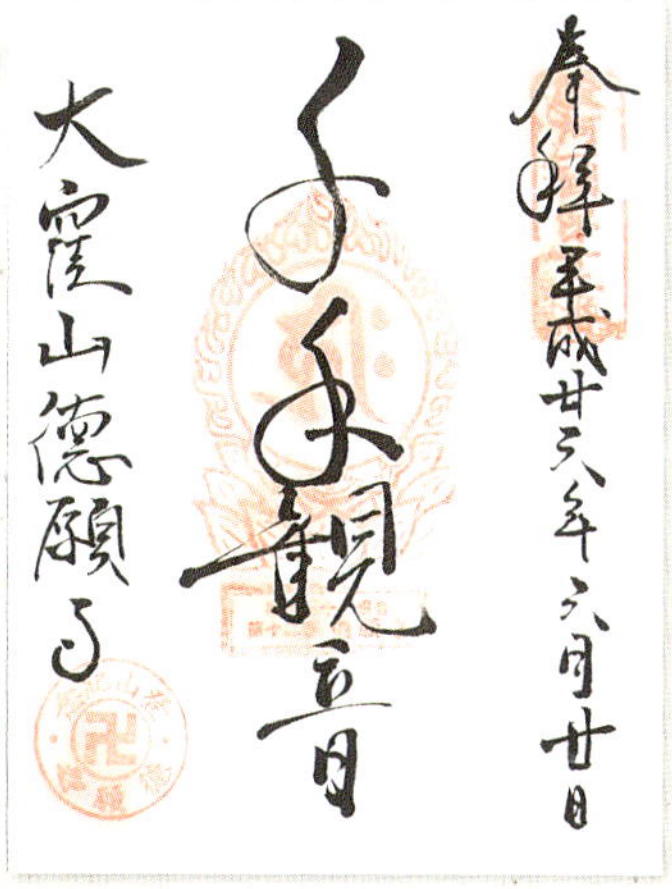


ご朱印は本堂右手の庫裡で受付。木々が生い茂る境内の庭園には小さな弁天堂の建つ池もあり、毛並みの美しいカモも放し飼いされている。

札所の観音さま

千手千眼観世音菩薩

ご真言

おん　ばざら　たらま
きりく　そわか

DATA

MAP P44-1

| | |
|---|---|
| 創　建 | 717年(1457年改宗創立) |
| 所在地 | 静岡市駿河区向敷地689 |
| 電　話 | 054-259-7304 |
| アクセス | 国一バイパス牧ヶ谷ICより車で約10分 |
| 駐車場 | 有(無料、大型車侵入不可) |

周辺情報▶徳願寺山古墳群、平城古墳群、猿郷古墳群、佐渡遺跡

[第14番札所までの所要時間] 車で13分

駿河一国三十三観音
第13番

嘉禄年間（1225〜1227年）草創、室町時代に曹洞宗に改め再興した歓昌院。本堂扁額の天柱山の文字は改宗前の真言宗時代のものという

## 丸子の奥地の名刹で心静かに自身と向き合う

# 天柱山 歓昌院【かんしょういん】

曹洞宗

丸子宿の最奥に構える鎌倉時代草創の寺。参道前に並ぶ人間臭い羅漢像の姿に心が和む。徒歩3分ほど手前にある札所は、もとは末寺の慈昌寺で、明治の廃仏毀釈で歓昌院に合併された。後白河天皇守本尊で運慶作と背部に記された本尊の千手千眼観音菩薩は、昔は奥大井・笹間の村人が祀っていたが、観音様の夢のお告げにより移されたという伝説が残る。

右_歓昌院門前に座す羅漢像は、現住職・前島弘道和尚の発案。まだ500体には満たないが、煩悩のままにあるような姿はユーモラスだ　左_札所には本尊の千手千眼観世音菩薩と不動明王、毘沙門尊天を祀る

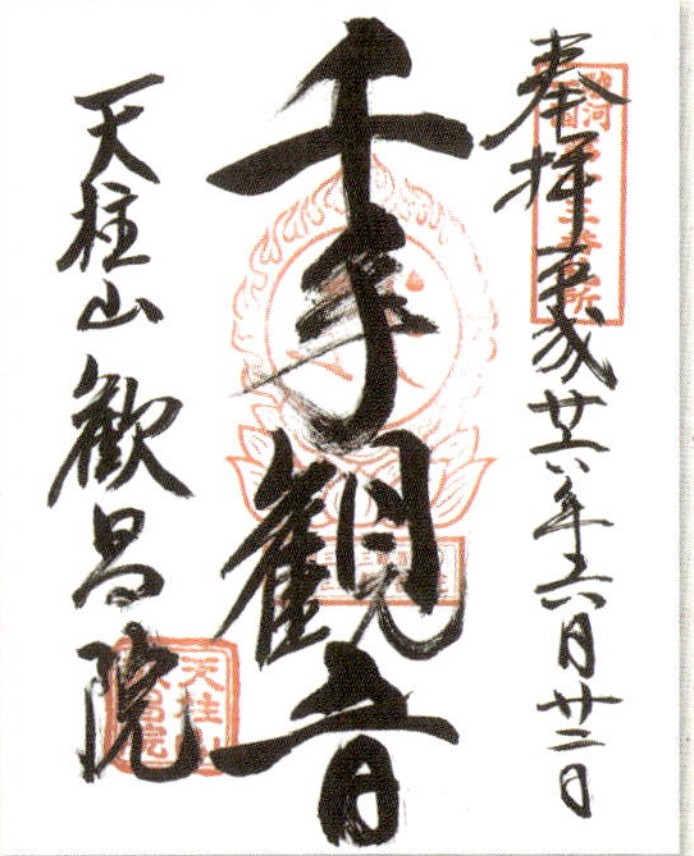


ご朱印は歓昌院で受付。寺へ向かう途中の喫茶店前に道標が建つので、先に参拝して行くといい。近くには駿府匠宿や吐月峰柴屋寺などがあり、下から徒歩で散策するのも楽しい

札所の観音さま

千手千眼観世音菩薩

ご真言

おん　ばざら　たらま　きりく　そわか

DATA

MAP P44-1

| | |
|---|---|
| 創　建 | 嘉禄年間（1225〜1227年） |
| 所在地 | 静岡市駿河区丸子2904 |
| 電　話 | 054-259-1793 |
| アクセス | 国一バイパス丸子ICより車で約2分（札所観音堂は寺から徒歩約3分） |
| 駐車場 | 有（50台:無料） |

周辺情報▶駿府匠宿、吐月峰柴屋寺

[第15番札所までの所要時間] 車で7分

駿河一国三十三観

第14番

本堂の奥にあるのが大師堂を兼ねた観音堂。山裾に延びる参道が趣深い寺の周辺は「牧ヶ谷古墳」としても有名で、7世紀頃の造営と推測される古墳が点在する

明治34年建立(平成22年再建)の鐘楼は、参道から眺めても存在感抜群。梵鐘は、もとは1682年に鋳造され藤枝の田中藩に備え付けられた由緒あるものだったが、太平洋戦争で供出させられ、再造営したもの

## 牧ヶ谷古墳の懐で静かにねむる悲劇の義僧

# 牧谷山 耕雲寺【こううんじ】

臨済宗 妙心寺派

虚廓玄宗僧正による1508年の開山は南藁科地区最古。観音堂は、大津三井寺にならい建立されたもので、聖観世音菩薩を祀る。ここには悲劇の歴史があり、徳川幕府のキリシタン禁教令に背いて重罰を受けた原主水を当時の住職が助けかくまうも、密告で処刑に。その墓と思われる無戒名の卵頭の石が、墓地内に佇む。

観音堂には、六寸木造坐像の聖観世音菩薩を中央に、右側に馬頭観世音菩薩、左側に弘法大師を祀る

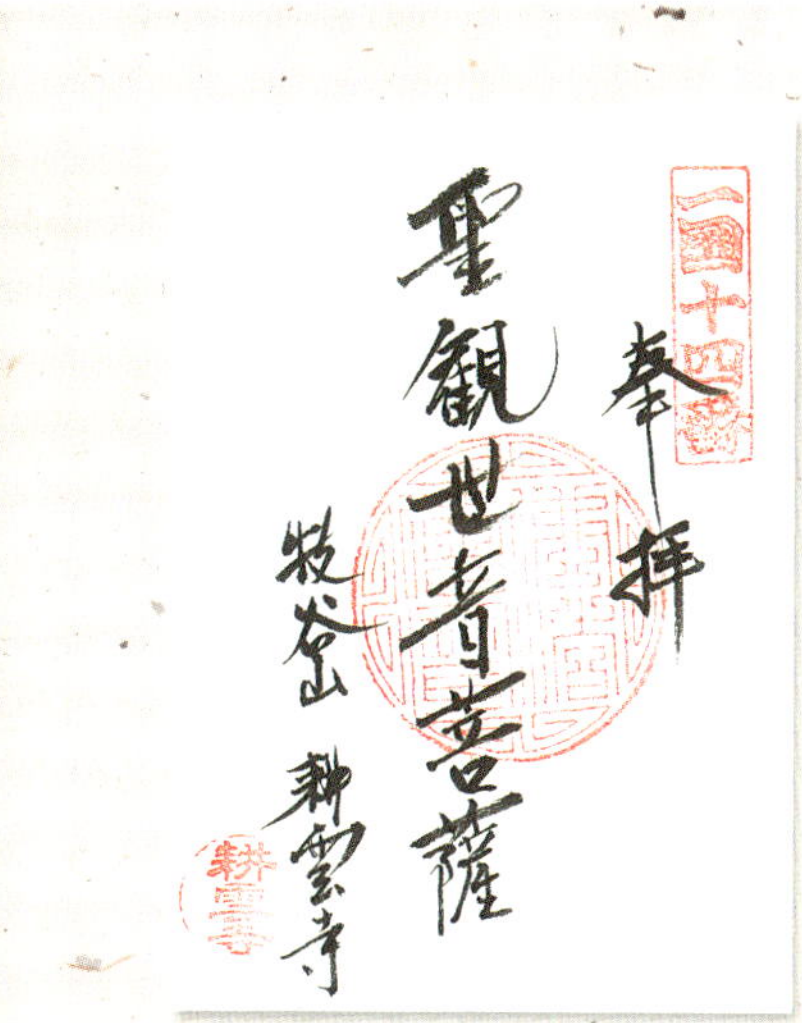


ご朱印は本堂右手の庫裡で受付。札所の本尊は聖観世音菩薩だが、本堂に祀る本尊は釈迦牟尼如来だ

札所の観音さま

聖観世音菩薩

ご真言

おん あろりきゃ そわか

DATA

MAP P44-1

| | |
|---|---|
| 創　建 | 1508年(永正5年) |
| 所在地 | 静岡市葵区牧ヶ谷281 |
| 電　話 | 054-278-0329 |
| アクセス | しずてつバス「牧ヶ谷」下車・徒歩約10分、国一バイパス牧ヶ谷ICより車で約5分 |
| 駐車場 | 有(40台:無料) |

周辺情報▶牧ヶ谷古墳、木枯の森

[第16番札所までの所要時間] 車で10分 ◀◀

駿河一国三十三観音

# 第15番

駿河七観音霊場

【駿河・伊豆両国横道三十三観音霊場第29番】

堂内には平安・鎌倉期等作の貴重な仏像がズラリ。中には県や市の指定文化財のものもある。これらは常時拝観できるが、本尊だけは秘仏で毎年8月に開帳される

上_草創時は建穂神社の裏山の上にあったが、明治3年の火災で伽藍と多くの寺宝を焼失。現在の観音堂は、昭和50年に建穂町内会で寄付を募り再建された　下_徳川家康から賜ったご朱印状。480石の文字が見えるが、清水の名刹・清見寺でも200石あまりというから、どれほど大寺だったかがわかる

## 圧巻の仏像群が古の隆盛を物語る幻の大寺

瑞祥山

# 建穂寺【たきょうじ】

真言宗

建穂公民館の隣りに、迫力の仁王像が脇を守る小堂がある。白鳳年間に道昭法師が草創したと伝えられる古刹は、駿河七観音で名高い千手観音菩薩像を安置。鎌倉期以降は久能寺と並び、駿河文化の中心として隆盛を極めた大寺だった。明治初期に廃寺となったが、古の栄華を物語る数多くの尊仏たちは、今も町の宝として住民の手で大切に守られている。

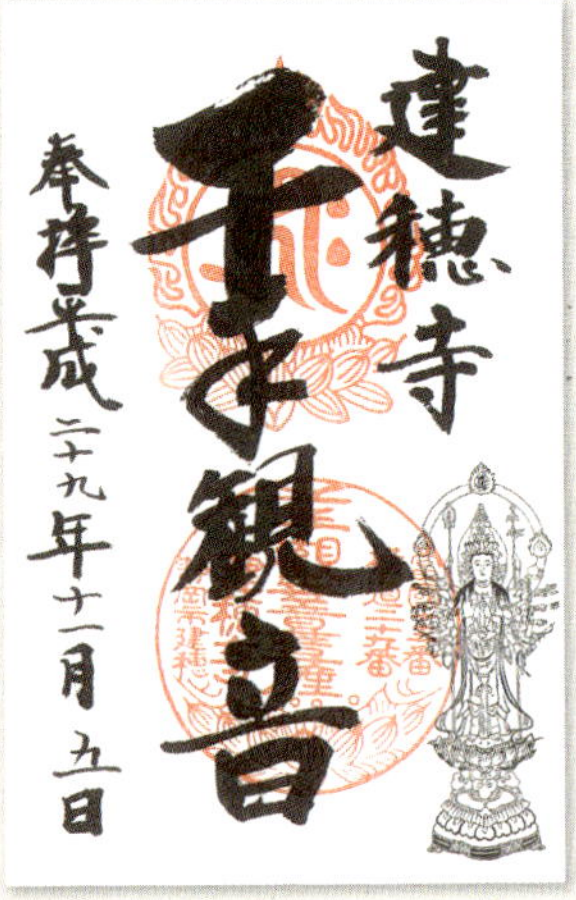


ご朱印は建穂町内会が持ち回りで管理。お堂に数人の連絡先が記載されており、電話すると担当者が駆けつけて押印してくれるほか、堂内を拝観させてもらえる。特に時間制限はないが、9:00〜16:00頃が望ましい

**札所の観音さま**

千手観音菩薩

**ご真言**

おん　ばざら　たらま　きりく　そわか

## DATA

MAP P44-1

| | |
|---|---|
| 創　建 | 白鳳年間(645〜710年) |
| 所在地 | 静岡市葵区建穂2-12-6 (建穂公民館隣り) |
| 電　話 | なし |
| アクセス | 国一バイパス羽鳥ICより車で約5分 |
| 駐車場 | 建穂公民館前に駐車可 |

周辺情報▶建穂神社、木枯の森

【第17番札所までの所要時間】車で25分

駿河一国三十三観音

第16番

【安倍七観音霊場
駿河・伊豆両国横道
三十三観音霊場第30番

以前は裏山から西ヶ谷に到る山中にあったという観音堂。鬱金桜や御衣黄桜など、境内には珍しい桜が植えられており、隠れた花の名所でもある

## 珍しい桜の名所でもある今川氏親の菩提寺

# 慈悲山 増善寺【ぞうぜんじ】

曹洞宗

法相宗の祖・道昭法師が7世紀に草創した保檀院が始まりという古刹。１４８０に辰応性寅禅師が曹洞宗増善寺として復興すると、明応末年には駿河国守・今川氏親が禅師に帰依して大伽藍を建立、菩提寺とした。由緒あるのは札所本尊も同じ。千手千眼観世音菩薩は安倍七観音の第2刻で、賓頭盧尊者と護法力士像も行基菩薩の手彫りと伝えられている。

本堂に祀るのは延命地蔵菩薩。昭和51年に新築した建物は近代的だが、今川氏の紋に威容が漂う。また、幼少時は今川の人質だった徳川家康とのゆかりも深い。墓地の最上所には今川家の霊廟があるほか、寺には500年ほど前に造られた氏親の等身大の木造も奉安

本堂右手にご朱印受付場所あり。安倍七観音を祀る堂は、駿河・伊豆両国横道観音霊場の第30番札所でもある

### 札所の観音さま

千手千眼観世音菩薩

**ご真言**

おん　はさら　だらま　きりく　そわか

DATA

MAP P44-1

| | |
|---|---|
| 創　建 | 682年（白鳳21年） |
| 所在地 | 静岡市葵区慈悲尾302 |
| 電　話 | 054-278-6333 |
| アクセス | しずてつバス「慈悲尾南」下車・徒歩約20分、国一バイパス千代ICより車で約6分 |
| 駐車場 | 有（40〜50台:無料） |

周辺情報▶特になし

［第18番札所までの所要時間］車で90分
［第19番札所までの所要時間］車で35分

駿河一国三十三観音
第17番
【安倍七観音霊場 駿河・伊豆両国横道 三十三観音霊場第31番】

仁王門からさらに一段上がった山際に建つ観音堂は、木立に覆われどこか厳かな雰囲気。脇には行基菩薩の供養碑や、7日間休まず巨木を伐採した樵夫に食事を運んだという杓子婆の石碑もある

上_仁王門は、1762年建立。スッと伸びた木立と茶畑の間に続く参道の景色は、実に趣がある　下_観音堂手前の左脇には、伝説の老樹の脇芽が成長したという二股の立派な楠がそびえる

## 安倍七観音伝説を生んだ足久保奥地の山寺

# 高福山 法明寺【ほうみょうじ】

曹洞宗

木立の緑に仁王門の丹色が映える足久保の山寺は、安倍七観音伝説の発祥地。養老7年、行基菩薩が皇太子の重病平癒のため、当地にあった楠の巨木で7体の観音像を刻み、7ヶ所に安置し祈祷したという。その一体である千手千眼観世音菩薩は、6年に一度の開帳時に拝顔できる。寺は１６８７年に改宗再興。境内には今もかの楠の子孫が生き続けている。

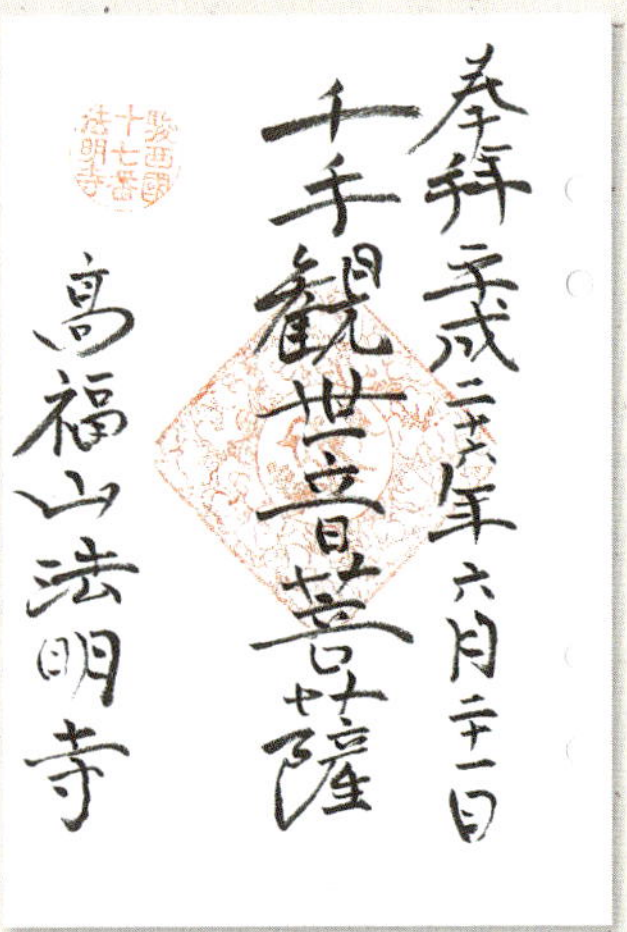


ご朱印は本堂右手の庫裡で受付。本尊の千手千眼観世音菩薩は6年に一度開帳。直近では平成21年に催行された

**札所の観音さま**

千手千眼観世音菩薩

**ご真言**

おん　ばざら　だらま　きりく　そわか

DATA

MAP P44-1

| | |
|---|---|
| 創　建 | 723年（養老7年） |
| 所在地 | 静岡市葵区足久保奥組1043 |
| 電　話 | 054-296-0284 |
| アクセス | しずてつジャストライン「敷地」下車・徒歩約15分、新東名・新静岡ICより車で約15分 |
| 駐車場 | 有（無料） |

周辺情報▶油山温泉

駿河一国三十三観

第18番

【駿河・伊豆両国横道三十三観音霊場第32番】

瓦に「丸に二つ引両」の今川紋を抱いた本堂は1847年の再建。位牌堂には天皇家の位牌も安置される由緒ある寺だ

# 祥雲山 慶寿寺【けいじゅじ】

真言宗 泉涌寺派

## 今川範氏が駿遠統治の拠点に建てた祈願所

駿河今川2代目当主・範氏が駿遠統治を祈念し大津城内に造営した寺で、開山は京都泉涌寺の南江和尚という真言宗の名刹。本堂には胎蔵界大日如来を祀り、毎年2月20日に山外不出の密教秘法という星祭りの法要が行われる。観音堂は大師堂内にあり、札所本尊・聖観世音菩薩の拝顔も可能。本堂裏には範氏が植えたという天然記念物の枝垂れ桜もある。

右_札所本尊の聖観世音菩薩。本堂と廊下でつながった大師堂の奥の小部屋に奉安されている　左_参道脇に並ぶ古い墓石の中には、今川範氏を供養した宝篋印塔が建つ。大野九郎兵衛の墓もある

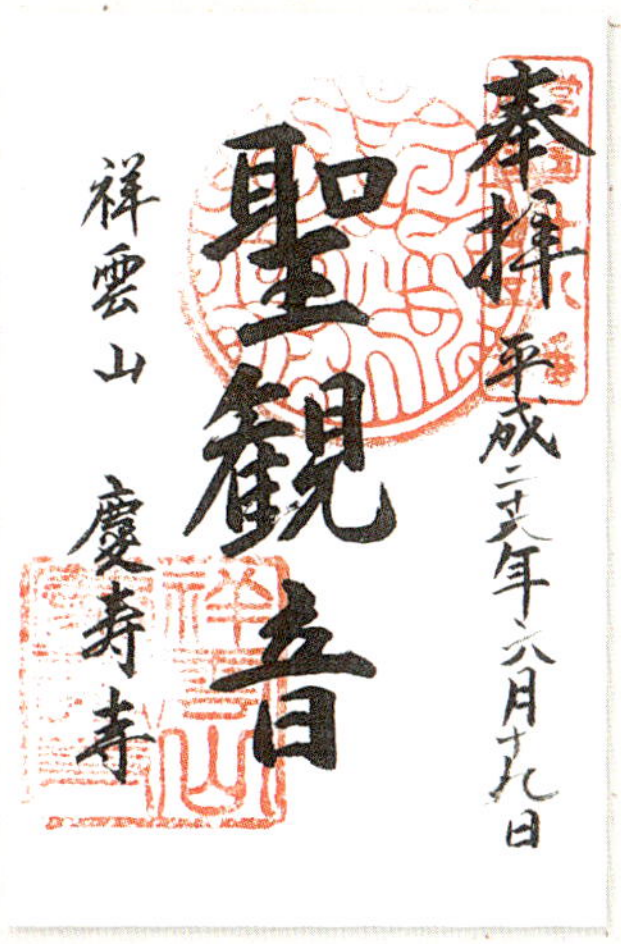


ご朱印は本堂右手の庫裡で受付(9:00～17:00頃まで)。札所本尊の聖観世音菩薩は希望すれば拝顔できるが、管理者不在のこともあるので事前確認がベター

**札所の観音さま**

聖観世音菩薩

**ご真言**

おん　あろりきゃ　そわか

DATA　MAP P45-4

| | |
|---|---|
| 創　建 | 1345年(興国6年) |
| 所在地 | 島田市大草767 |
| 電　話 | 0547-35-1739 |
| アクセス | コミュニティバスで「慶寿寺入口」下車・徒歩約2分、国一バイパス野田ICより車で約6分 |
| 駐車場 | 有(無料) |

周辺情報▶蓬莱橋

[第20番札所までの所要時間] 車で17分

駿河一国三十三観音

# 第19番

【駿河・伊豆両国横道
三十三観音霊場第27番】

安土桃山時代の建築様式をつたえる観音堂は、宮殿様式の厨子とともに県の指定文化財。本尊の千手千眼観世音菩薩は33年ごとに開帳の秘仏で、次回は2020年となっている

徳川家康の念持仏を祀る静岡の「清水さん」

## 音羽山 清水寺【きよみずでら】

高野山 真言宗

静岡鉄道・音羽町駅の程近く。境内一帯は清水公園として整備されている。江戸時代から変わらず残る細かな石段の先には、街中とは思えない厳かな空間が広がる。１５５９年、今川氏輝の遺命により家臣の朝比奈丹が創建され、京都仁和寺尊寿院の道因僧正を請じて開山とした。

境内奥地に鎮座する観音堂は、１６０２年に徳川家康が修復。念持仏の千手千眼観世音菩薩を寄進し、寺を護国

入口正面、黒壁に赤い扉が特徴の護摩堂は、静岡浅間神社から移築したもの。もともとここは同神社の別当寺だったそうだ

鐘楼は本堂とともに国の重要文化財。江戸時代に両替町で駿府城下に時を知らせていた釣鐘の2代目で、徳川慶喜と家達の名が刻まれている

DATA　MAP P44-1

| | |
|---|---|
| 創建 | 1559年(永禄2年) |
| 所在地 | 静岡市葵区音羽町27-8 |
| 電話 | 054-246-9333 |
| アクセス | 静岡鉄道・音羽町駅より徒歩約3分 |
| 駐車場 | 有(約2台:無料※大型車不可) |

周辺情報▶駿府城跡、静岡浅間神社

祈願の道場とした

今も修行寺として厳しい戒律を守る寺では諸堂の内部公開をしていないが、「仏教の伝来を形にする」をテーマに昭和6年に再興されたモダンな本堂は古宇田実の設計。インド・中国・日本の三国を折衷した当時最先端のデザイナーズ建築だ。

右_小山を背にした境内一帯は清水山公園として整備されており、清水の舞台を模した展望台に人工滝も造営。市民の憩いの場になっている　左_森の木々の中に風格漂う伽藍が溶け込んだ境内には、芭蕉らの句碑が点在するほか、山中には熊野神社も鎮座する

**ポイント**

7月9日の観音大祭は「四万八千日」と言われ、参拝すると一生分の功徳が得られるという。同時催行の花火大会は静岡の夏の始まりを告げる風物詩だ。

**札所の観音さま**

千手千眼観世音菩薩

**ご真言**

おん　ばざら　たらま　きりく　そわか

**ご詠歌**

にごりなく
たのむ心は
清水の
流れに浮かぶ
身こそやすけれ

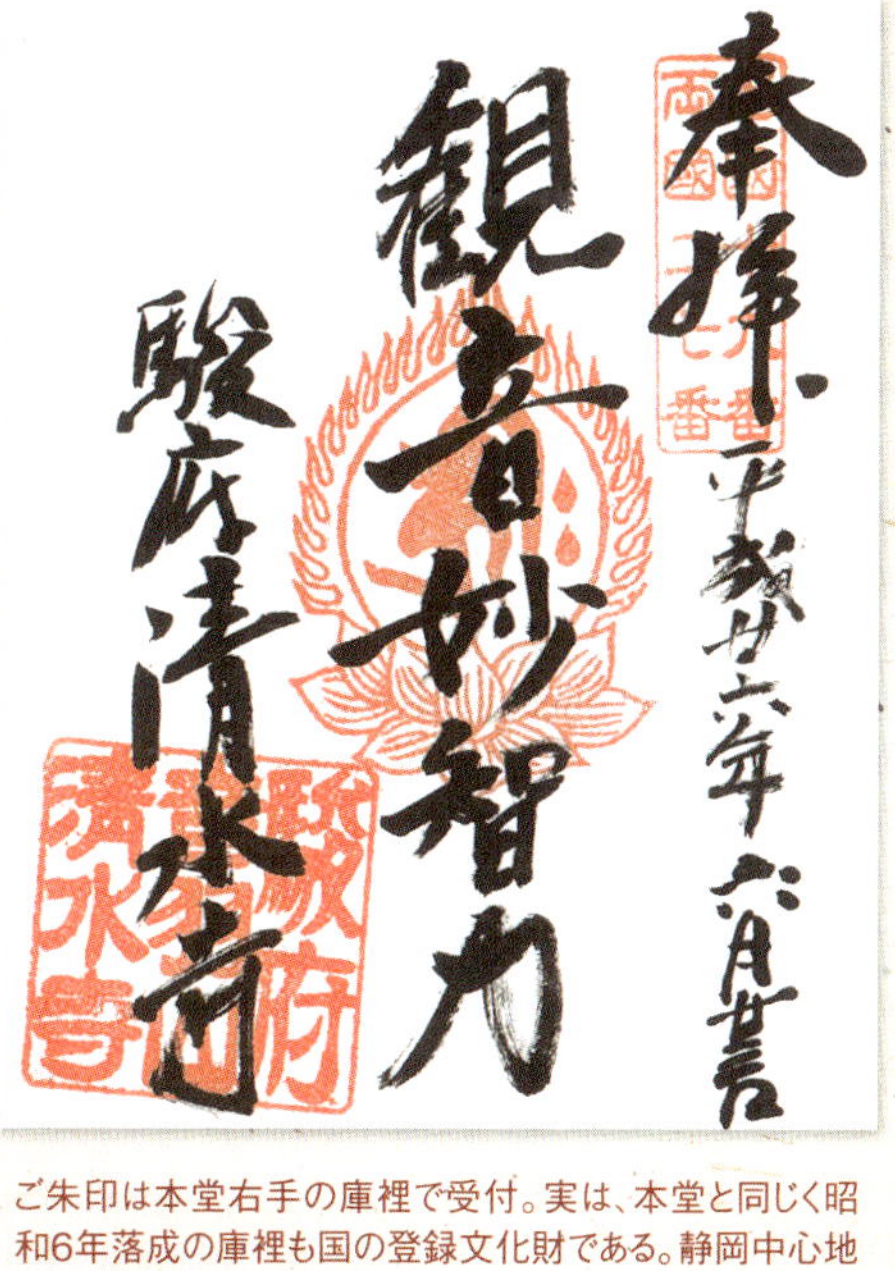


ご朱印は本堂右手の庫裡で受付。実は、本堂と同じく昭和6年落成の庫裡も国の登録文化財である。静岡中心地の名刹は、駿河・伊豆両国横道観音霊場第27番札所でもある

本堂の中には丈六仏の薬師如来の頭部だけが祀られており、これは武田氏の駿府乱入時に池に放り込まれていたところを救い出したものという

駿河一国三十三観音

# 第20番

【安倍七観音霊場 駿河・伊豆両国横道 三十三観音霊場第26番】

## 日本平の中腹から駿河の街を見守る平沢観音

# 布袋山 平澤寺【へいたくじ】

真言宗 智山派

長い石段を上り詰めれば、寛永6年再建の美しい堂の奥で、安倍七観音の一尊・千手千眼観世音菩薩が慈悲の手を差し伸べる。今川義元も篤く信仰した本尊は「平沢観音」の名で親しまれ、7年に一度開帳されている。また2月の節分会には、以前は人間国宝の5代目柳家小さん師匠が招かれ豆まきと落語会を開催。今は孫の花緑師匠が引き継ぎ盛況を呼んでいる。

由緒ある古刹でありながら、最新の動物霊園を完備しているのも特徴。また寺周辺は日本平ハイキングコースになっており、散策する人も多い

上_葵の紋があるのは、徳川家康の保護も受けていたから。右脇には鐘楼があり、「一打一拝」で誰でも撞くことができる　下_和銅年間に行基上人が諸国行脚の途次に立ち寄り、地蔵菩薩を彫って草堂に安置したのが寺の始まりという。平成の大復興事業で新しく蘇った本堂は石段下の右手に建つ

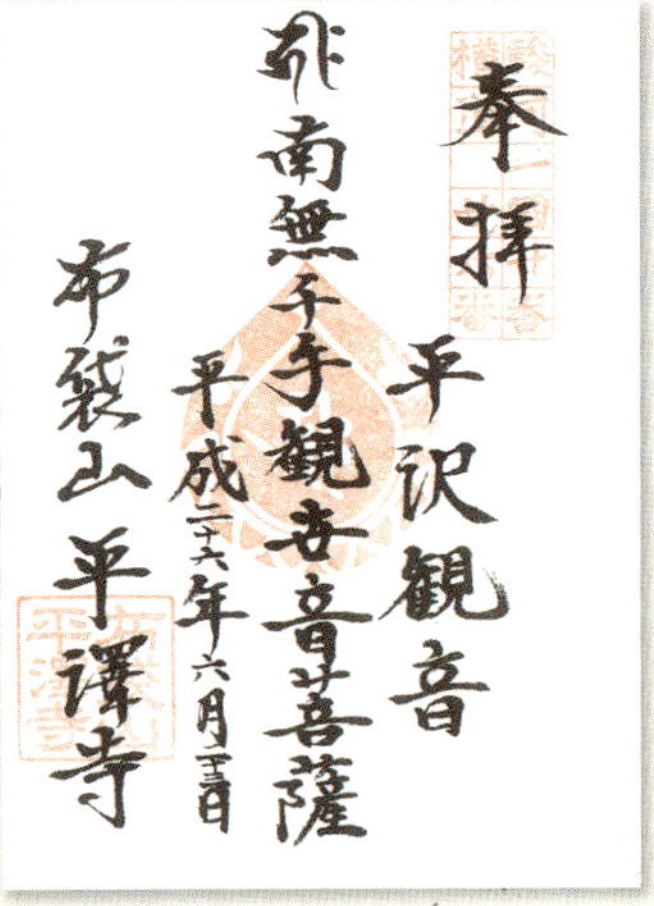


ご朱印は下の本堂左手の庫裡で受付。安倍七観音の千手千眼観世音菩薩は、駿河・伊豆両国横道三十三観音霊場第26番札所でもある

### 札所の観音さま

千手千眼観世音菩薩

**ご真言**

おん　ばざら　たらま　きりく　そわか

### DATA

MAP P44-1

| | |
|---|---|
| 創　建 | 和銅年間(708～714年) |
| 所在地 | 静岡市駿河区平沢50 |
| 電　話 | 054-261-6312 |
| アクセス | しずてつバス「舞台芸術公園」下車・徒歩約7分、国一バイパス瀬名ICより車で約11分 |
| 駐車場 | 有(無料) |

周辺情報▶舞台芸術公園、静岡県立美術館、日本平動物園、草薙神社、遊木の森

［第22番札所までの所要時間］車で20分 ◀◀

# 重要文化財の貫録と霊気が宿る大内観音

## 鷲峰山 霊山寺【れいざんじ】

高野山 真言宗

涅槃の世界へ入る六度の修行のような山道を登ると、荘厳な茅葺の仁王門が現れる。無住でもなお霊気漂う山寺は、749年に行基菩薩が開山。「大内観音」と呼ばれる本尊は安倍七観音のひとつで、雨乞いの霊験あらたかなことでも知られている。1756年に再建された本堂外陣の天井には、山梨鶴山が描いた墨龍と艶やかな天女が生き生きと舞う。

県内2番目に古い1516年建立の仁王門は、国の重要文化財。中央通路上部にある蛙股は、日本に3つしかない特異な芸風という

上_本堂は静岡市の重要文化財。本尊は千手千眼観世音菩薩　下_本堂外陣の天井絵を描いた山梨鶴山は、庵原三山と称された地元の絵師

無住のためご朱印は檀家が管理。大内自治会館から山へ向かう道路の途中に案内板あり。代表宅入口に押印済み用紙があるので、代金を納め各自いただく。

### 札所の観音さま

千手千眼観世音菩薩

### ご真言

おん　ばざら　たらま　きりく　そわか

### DATA

MAP P44-1

| | |
|---|---|
| 創　建 | 749年（天平勝宝元年） |
| 所在地 | 静岡市清水区大内597 |
| 電　話 | なし |
| アクセス | 国一バイパス長崎ICより車で約4分（駐車場）・徒歩約15分 |
| 駐車場 | 山麓に有（無料） |

周辺情報▶特になし

[第23番札所までの所要時間] 車で19分

駿河一国三十三観音
第22番
【安倍七観音霊場 駿河・伊豆両国横道 三十三観音第25番】

山門を抜けて左手、墓地上の石段を登った頂に静かに鎮座する観音堂。寺は、かつて「東国の比叡山」と呼ばれるほど栄え、聖一国師も修行したという

## 「東国の比叡山」と呼ばれた山岡鉄舟再興の寺

# 補陀洛山 鉄舟寺【てっしゅうじ】

臨済宗 妙心寺派

前身は、推古天皇時代に久能忠仁が創建し、奈良期に行基菩薩が中興した久能寺。当時は久能山を拠点に、駿河の仏教界を牽引する大寺として隆盛を極めた。その後、駿河に侵攻した武田信玄がこの地に注目し、築城のため寺を現在地に移転。明治の宗教政策で廃寺寸前となるも、山岡鉄舟の尽力で復活した。観音堂は高台に建ち、安倍七観音の一体を祀る。

右_山岡鉄舟は、妙心寺元管長の今川貞山師を開山に迎えて再興に尽力。本堂前には歌碑が建つ　左_境内からは富士山、清水港、三保の松原などが見える

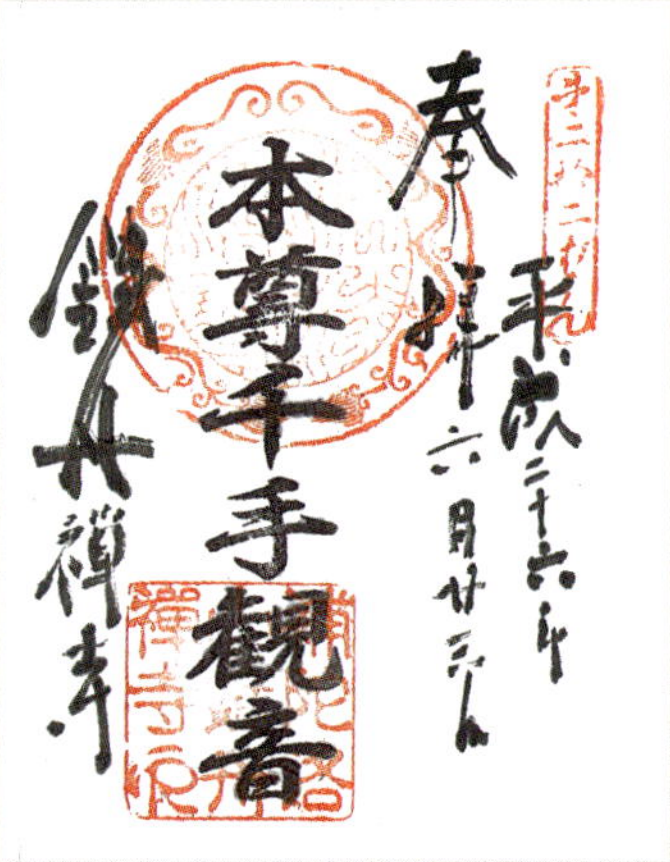


ご朱印は本堂右手の庫裡で受付。札所本尊は、千手千眼観世音菩薩で安倍七観音のひとつ

札所の観音さま
千手千眼観世音菩薩

ご真言
おん　ばざら　たらま
きりく　そわか

DATA

MAP P44-1

| | |
|---|---|
| 創　建 | 推古天皇年間(592〜628年) |
| 所在地 | 静岡市清水区村松2188 |
| 電　話 | 054-334-1203 |
| アクセス | しずてつジャストライン「鉄舟寺」下車すぐ、東名・清水ICより車で約15分 |
| 駐車場 | 有(無料) |

周辺情報▶言いなり地蔵尊、三保の松原、天王山遺跡

# 第23番

【駿河・伊豆両国横道
三十三観音霊場第24番】

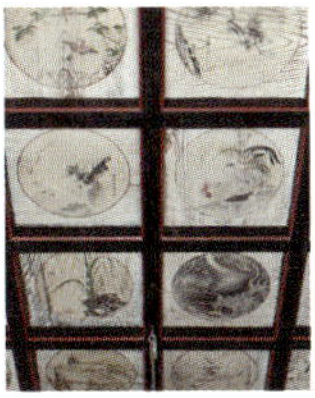

上_与謝野晶子の歌碑などがある境内はすっきり整えられて気持ち良い
下_観音堂天井に描かれた近藤如水の日本画

## 伝教大師「一刀三礼」作の如意輪観世音菩薩

# 巌腰山 瑞雲院【ずいうんいん】

臨済宗 妙心寺派

東海道線脇の高台に建つ寺は、名刹・清見寺の末寺で、足利尊氏が戦没者慰霊及び武運長久・一族安全等を祈願し、大事に帰依していた如意輪観世音菩薩を祀る堂を再建したのが始まり。この尊仏は、805年に伝教大師が一刀三礼を尽くして刻んだものという。1849年に裏山から移築した観音堂の天井には、江戸後期の絵師・近藤如水作の96枚の絵が広がる。

「伝教大師（最澄）一刀三礼（ひと彫りごとに三度礼拝）」の作といういわれを持つ本尊の如意輪観世音菩薩は、60年に一度開帳される（直近では平成20年に実施）

DATA

MAP P44-1

| | |
|---|---|
| 創建 | 1356年（延文元年） |
| 所在地 | 静岡市清水区興津清見寺町420 |
| 電話 | 054-369-0970 |
| アクセス | JR興津駅より徒歩約15分、国一バイパス清見寺ICより車で約3分 |
| 駐車場 | 有（無料） |

周辺情報▶清見寺

札所の観音さま

如意輪観世音菩薩

ご真言

おん ばらだ はんどめい うん

ご朱印は本堂右手の庫裡で受付。明治23年より京都妙心寺の直末となった寺の札所は、駿河・伊豆両国横道三十三観音霊場でもある

[第25番札所までの所要時間] 車で4分

駿河一国三十三観音
第24番

入母屋造りの重厚感漂う本堂は1770年に再建。火災により創建は不詳だが、右手の榎は樹齢約800年という。街中の寺は山から移築し再興されることが多いが、最明寺はずっとこの地にあり続けている

## 800年動かず港町を守り続ける由比の古寺

# 佛光山 最明寺【さいみょうじ】

臨済宗 妙心寺派

由比漁港から少し上った浜石岳の麓に建つ、鎌倉初期創建の寺。北条時頼開基、寧一山国師開山の伝は定かではないが、快慶またはその弟子の作と鑑定される本尊の宝冠阿弥陀如来が由緒ある歴史をしのばせる。札所の観音堂と十一面観世音菩薩は、もとは明治に廃寺となった物見山慈眼院のもの。左脇には長野善光寺本尊を模した珍しい阿弥陀三尊も祀る。

右_観音堂は、明治の廃仏毀釈で廃寺となった物見山慈眼院から移築。本尊も「物見山観音」の呼称で親しまれている　左_観音堂には、極彩色の宮殿型厨子に納められた十一面観世音菩薩を中央に、左に阿弥陀三尊、右に鎮守弁財天十二童子を祀る

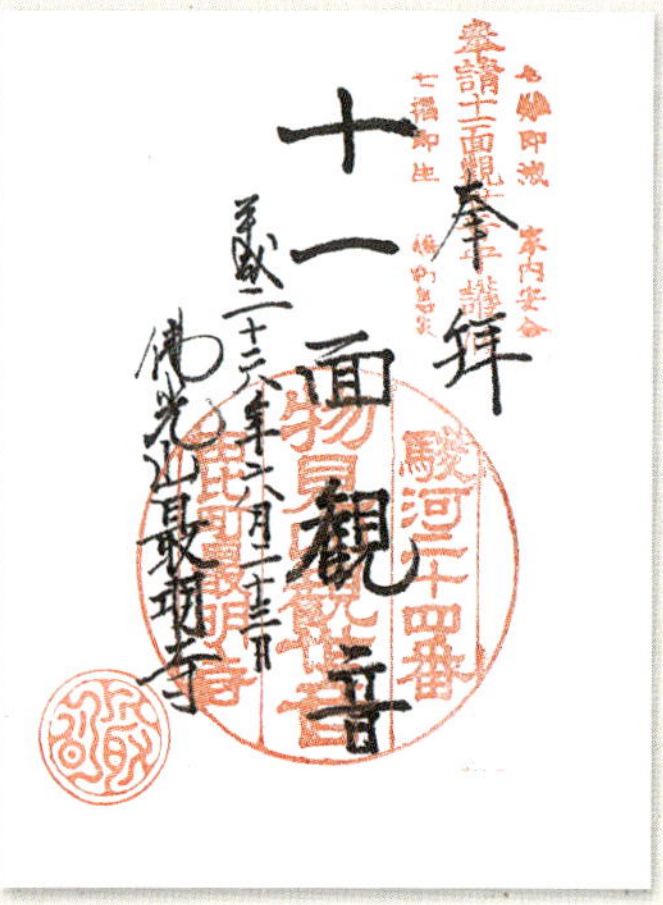


ご朱印は本堂右手の庫裡で受付。寺院本尊の宝冠阿弥陀如来は如来と菩薩の要素を備えた珍しい仏像で、清水区の文化財指定だ

札所の観音さま

十一面観世音菩薩

ご真言

おん まか きゃろにきゃ そわか

DATA　MAP P47-2

| | |
|---|---|
| 創　建 | 鎌倉時代初期 |
| 所在地 | 静岡市清水区由比町屋原213 |
| 電　話 | 054-375-3529 |
| アクセス | JR由比駅より徒歩約15分、国一バイパス寺尾ICより車で約5分 |
| 駐車場 | 有(約20台:無料) |

周辺情報▶由比漁港、薩埵峠、東海道名主の館「小池邸」・倉沢柏屋・望嶽亭藤屋など

[第26番札所までの所要時間] 車で10分

駿河一国三十三観音

第25番

【駿河・伊豆両国横道三十三観音霊場第22番】

# 八幡山 大法寺

【だいほうじ】

臨済宗 妙心寺派

## 由比本陣の鬼門を封じる2体の観音菩薩

今は由比本陣公園を見守る本堂は明治41年に中興。境内には海上安全を祈願する金毘羅堂があるほか、墓地に建つ「やすらぎ観音」は永代供養塔として一般開放されている

東海道16番目の宿場町・由比。寺は本陣の鬼門除けとして、堅翁宗固和尚を開山に建てられた。本堂には如意輪観世音菩薩と馬頭観世音菩薩の2体の観音像を安置。駿河一国の札所仏は後者で、1745年、本陣当主の妻が願主として本堂を再建した際に奉安。一方前者は、由比の浜に浮流するところを救出されたと伝えられ、こちらが寺院本尊である。

右_頭上の馬の顔がどこか愛嬌のある馬頭観世音菩薩は、奥の位牌堂本尊として祀られる　左_寺院本尊の如意輪観世音菩薩

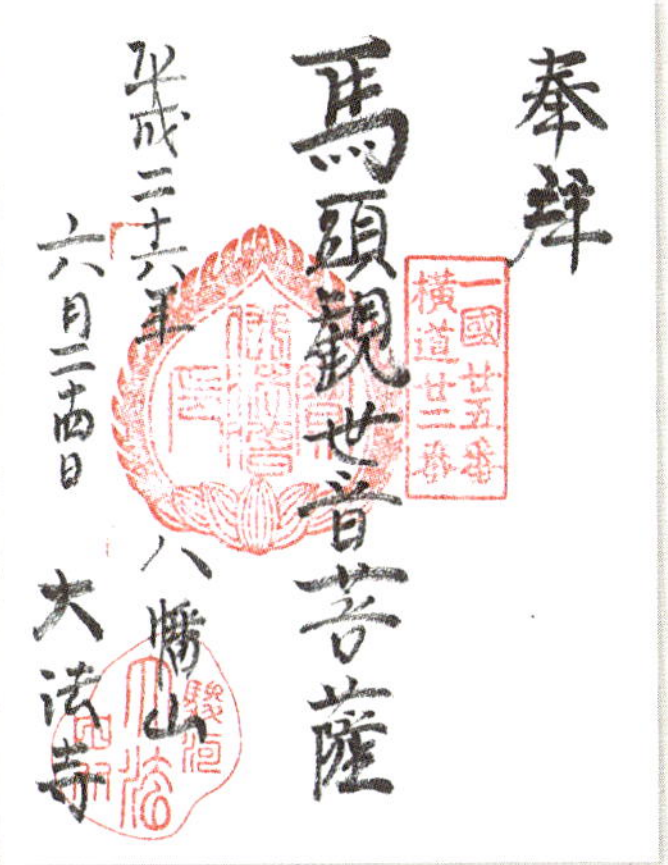


ご朱印は本堂右手の庫裡で受付。本霊場札所の本尊は馬頭観世音菩薩で、如意輪観世音菩薩は駿河・伊豆両国横道観音霊場第22番札所の本尊になっている

札所の観音さま

馬頭観世音菩薩

ご真言

おん　ありみとう

どはんば　うん　はった

DATA

MAP P47-2

| | |
|---|---|
| 創　建 | 1585年(天正13年) |
| 所在地 | 静岡市清水区由比676 |
| 電　話 | 054-375-2804 |
| アクセス | 国一バイパス寺尾ICより車で約6分または蒲原西ICより約3分 |
| 駐車場 | 有(3台:無料) |

周辺情報▶由比本陣公園(東海道広重美術館・東海道由比宿交流館)

駿河一国三十三観音
第26番
【駿河・伊豆両国横道
三十三観音霊場第21番】

[第27番札所までの所要時間] 車で40分

本堂。寺宝には、今川氏兼が戦場にも必ず持参するほど愛用した文福茶釜と、1653年に薩摩藩の大名行列と乱闘を起こし、得意の槍で70人近くを倒したという高松藩士・大久保甚太夫の槍がある

## 数奇な運命に翻弄された蒲原の最古刹

# 岩戸山 龍雲寺【りゅううんじ】

臨済宗 妙心寺派

今川氏兼が、父・範忠の菩提を弔うために1398年頃創建したと伝わるも、安政4年の山崩れで伽藍が埋まり詳細は不明。江戸中期に廃した岩戸山常楽寺を合併する際、本尊の聖観世音菩薩も移し、山号も改称した。今川氏没後は北条氏の菩提寺にもなったが、徳川氏には保護されず一時は無住のことも。紆余曲折の運命を歩む蒲原最古の名刹である。

右_寺への細道に入る辻に建つ石碑。龍雲寺の旧山号は瑞現山　左_本堂裏には2つの堂が建ち、向かって左は不動明王、右は社口大明神と稲荷大明神を祀る

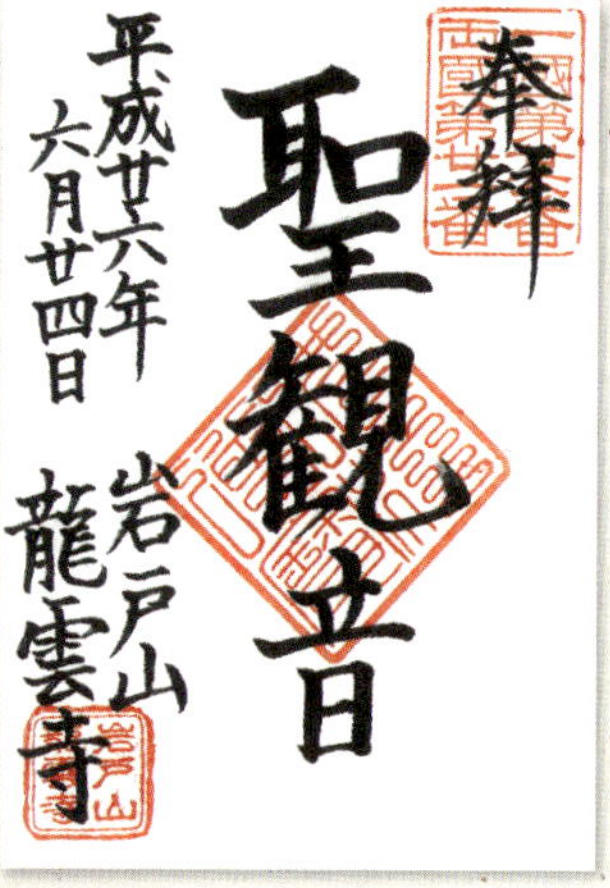


ご朱印は本堂右手の庫裡で受付。今川氏の時代には蒲原きっての大寺だったという寺は、駿河・伊豆両国横道霊場21番札所でもある

札所の観音さま
聖観世音菩薩

ご真言
おん　あろりきゃ　そわか

DATA

MAP P47-2

| | |
|---|---|
| 創建 | 1398年 |
| 所在地 | 静岡市清水区蒲原2-12-10 |
| 電話 | 054-385-2991 |
| アクセス | JR新蒲原駅より徒歩約4分、国一バイパス高浜ICより車で約4分 |
| 駐車場 | 有(20台:無料) |

周辺情報▶蒲原本陣跡、蒲原城

門柱の正面階段の先に建つのが観音堂。後方のポールに開帳される140反の白布の観音像は、約70年ごとに描き改められている

星山に春を告げる白布の観音座像大開帳

# 明星山 大悟庵【だいごあん】

曹洞宗

畑中の門柱から見上げれば、観音堂の後方に2本のポールが顔を出す。ここに毎年3月、本尊の白布に描かれた十一面観音座像を開帳するのだ。812年、弘法大師が巡錫の折に観音像を描いた白絹を奉安し、明星山福興寺を開いたのが始まりという寺は、1571年に曹洞宗に改めて再興。境内には日本最古で唯一の織物・製紙の神を祀る倭文(しどり)神社が建つ。

右_本堂は近代的。福興寺時代は七堂伽藍を備えて隆盛したが、中世の兵火で荒廃　左_観音堂と本堂の間に建つ倭文神社。織物・製紙の神である健羽雷神を奉斎する

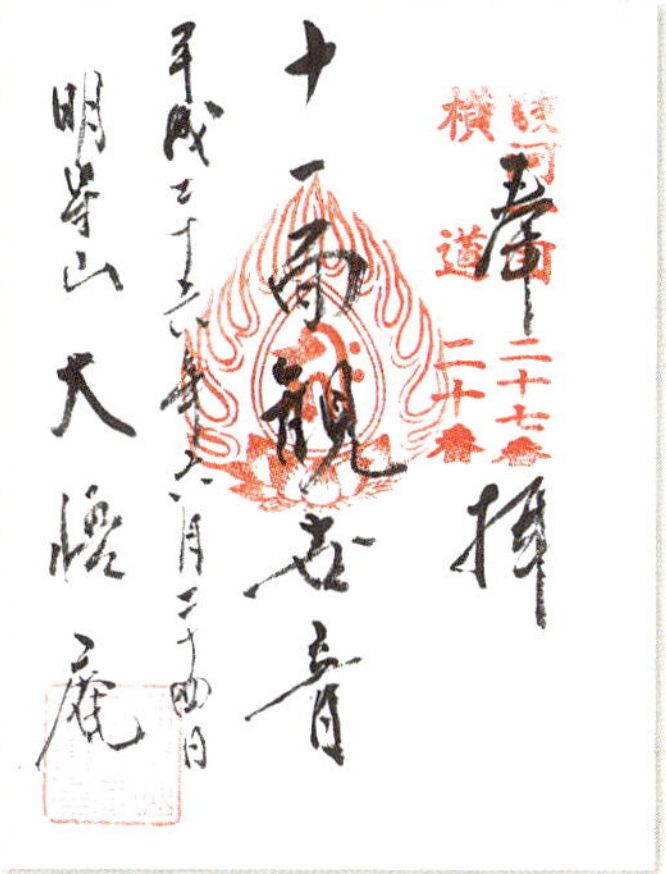


ご朱印は本堂右手の庫裡で受付。本尊の十一面観世音菩薩は、駿河・伊豆両国横道三十三観音霊場のほか、富士横道観音霊場の札所にもなっている

**札所の観音さま**

十一面観世音菩薩

**ご真言**

おん　まか　きゃろにきゃ　そわか

## DATA

MAP P47-2

| | |
|---|---|
| 創建 | 812年(弘仁3年) |
| 所在地 | 富士宮市星山9 |
| 電話 | 0544-26-2995 |
| アクセス | 山交タウンコーチバス「星山台」下車・徒歩約15分、西富士道路小泉ICより車で約15分 |
| 駐車場 | 有(無料) |

周辺情報▶富士山浅間大社、白糸の滝、明星山公園

［第29番札所までの所要時間］車で9分

駿河一国三十三観音
# 第28番
【駿河・伊豆両国横道
三十三観音霊場第18番】

照手姫の歴史ロマンと白隠禅師ゆかりの寺

# 藤沢山 妙善寺【みょうぜんじ】

臨済宗 妙心寺派

「滝川観音」の名で知られる寺の歴史は古く、749年に行基菩薩が聖武天皇の命で全国に建てた81ヶ寺の一つという。また照手姫と鬼鹿毛伝説も有名だ。その昔、西方に逃れる途中で身を寄せた小栗判官は、照手姫を当寺に、鬼鹿毛を丹波に預けて熊野へ。だが、名馬は主人を探し回ってこの地に至り絶命。哀れんだ住職が観音堂下に手厚く葬ったという。

上_本堂には寺院本尊の釈迦牟尼如来を祀る　下_常陸国・小栗判官満重が熊野から戻るまで照手姫は当寺に滞在。鑑石公園には、姫が鏡代わりにして毎日髪を整えていたという「かがみ石」がある

朱の屋根が鮮やかな観音堂。札所本尊の千手千眼観世音菩薩や鬼鹿毛供養の馬頭観世音菩薩などを奉安。また、扁額「常念閣」の文字は、当時の住職と親交が厚かった白隠禅師の筆だ

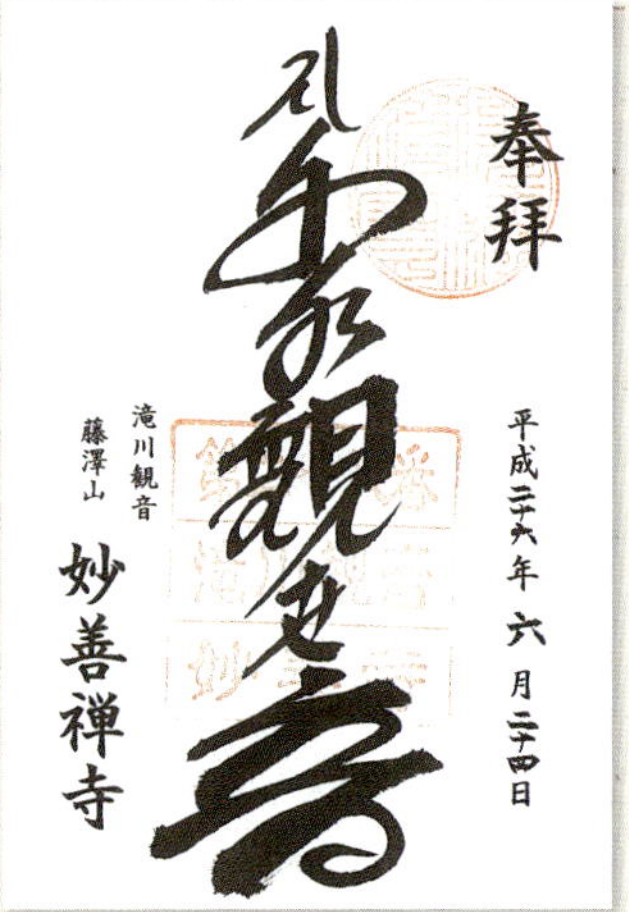


ご朱印は観音堂の中で受付（9:00～15:00頃）。押印済みの用紙が用意されており、お代を納めて各自いただいていくことができる

**札所の観音さま**

千手千眼観世音菩薩

**ご真言**

おん　ばざら　たらま　きりく　そわか

DATA　MAP P47-2

| | |
|---|---|
| 創建 | 749年（天平勝宝元年） |
| 所在地 | 富士市原田1344 |
| 電話 | 0545-34-0729 |
| アクセス | 岳南鉄道・原田駅より徒歩約20分、東名・富士ICより車で約20分 |
| 駐車場 | 有（約30台：無料） |

周辺情報▶かぐや姫・泉の里ウォーキングコース、竹採公園（かぐや姫伝説）、滝川神社

［第30番札所までの所要時間］車で21分

駿河一国三十三観音

# 第29番

【駿河・伊豆両国横道三十三観音霊場第17番
富士横道観音霊場第22番

まちの駅で衆生を救う霊場唯一の準提観音

## 円通山 福聚院【ふくじゅいん】

曹洞宗

本堂は1865年に再建。境内にはキャラクターや干支地蔵など様々な石仏がたくさん。新たに栽培を始めた蓮の花も参拝者の目を楽しませる

右_横井弼画伯作の仏界曼荼羅。側面が鏡になっており、中に頭を入れて見回すと、万華鏡のようにお釈迦様が立体的に現れる　左_本堂裏手の墓地を見守るのは、スリランカから招いたという釈迦如来。現住職の青野之映和尚は同地の児童施設の支援も行っている

ユニークな石像が並ぶ親しみやすい寺は、奈良時代に行基菩薩が開いたとされ、江戸初期に改宗。駿河一国霊場では唯一の準提観世音菩薩を祀り、家内安全や子授けなど「何でも願いの叶う観音様」として多くの参拝者が訪れる。また、富士市「まちの駅　増川の小さな美術館」として開放する境内では横井弼画伯の作品展示や、堂内にも幻想的な仏界曼陀羅がある。

ご朱印は境内右手の庫裡で受付。33年ごと開帳の秘仏・準提（准胝）観世音菩薩の本尊は、駿河・伊豆両国横道霊場17番、富士横道観音霊場22番札所でもある

### 札所の観音さま

準提観世音菩薩

**ご真言**

おん　しゃれい　しゅれい
じゅんてい　そわか

### DATA

MAP P46-1

| | |
|---|---|
| 創　建 | 奈良時代 |
| 所在地 | 富士市増川599 |
| 電　話 | 0545-34-0435 |
| アクセス | 岳南鉄道・神谷駅より徒歩約5分、富士急静岡バス「福聚院」下車すぐ |
| 駐車場 | 有（約100台：無料） |

周辺情報▶史跡 浅間古墳

［第31番札所までの所要時間］車で20分

駿河一国三十三観音
第30番
【駿河・伊豆両国横道
三十三観音霊場第15番】

ほとんど創建時のままという観音堂。外陣・外廻りの軒裏は化粧天井、内陣は唐様式の鏡天井など変化に富んだ造りは、本尊とともに沼津市有形文化財だ

## 赤野山 廣大寺【こうだいじ】

真言宗 高野山派

### 左甚五郎が手掛けた幽玄なる江戸初期建築

「赤野観音」と呼ばれる札所は寺から車で約5分、茶畑の先に駿河湾を見下ろす愛鷹山中腹に建つ。名工・左甚五郎が藁人形に手伝わせ三日三晩で造った伝説を持つ堂は、希少な茅葺き屋根が重厚で、沼津新八景のひとつ。一木造りの本尊・十一面観世音菩薩は行基作と伝わるも、推定では11世紀頃のものという。現在は廣大寺が奥の院として管理する。

堂左脇の貫録あるカヤの大木は沼津市天然記念物。また、徒歩5分ほどのところには弘法大師堂も建つ

廣大寺本堂。阿闍梨胎情が開山し、1546年に法印良宥が中興した真言宗の寺

ご朱印は廣大寺の庫裡で受付。札所本尊の十一面観世音菩薩は、毎年3月17日直前の日曜日に営まれる祭典で開帳される

**札所の観音さま**

十一面観世音菩薩

**ご真言**

おん まか きゃろにきゃ そわか

**DATA**

MAP P46-1

| | |
|---|---|
| 創建 | 不詳 |
| 所在地 | 沼津市柳沢702 |
| 電話 | 055-966-6056 |
| アクセス | JR片浜駅またはJR原駅よりタクシーで約10分、東名・沼津ICより車で約15分 |
| 駐車場 | 有（無料） |

周辺情報▶松蔭寺、八丈石

駿河一国三十三観

# 第31番

駿河・伊豆両国横道
三十三観音霊場第13番
東海道百地蔵尊第95番札所

福聚無量院 **長谷寺** 時宗
〔はせでら〕

航海安全を見守る130反帆布の観音曼陀羅

右_「浜の観音さん」とも呼ばれる寺の境内には、数多くの巡拝塔が奉納されており、観音信仰の篤さが伺える　左_春に開帳される大観音曼陀羅を納める曼陀羅堂。現在の大曼陀羅は昭和62年、日本画家の志賀旦山が描いた

もとは法相宗であったとされ、弘法大師逗留後に真言宗となったが、鎌倉中期、当時無住の寺を管理していた西光寺の住職が、時宗開祖の一遍上人が滞在した折に帰依して弟子となり、両寺とも時宗に改宗したとされる

千本浜公園入口に建つ長谷寺は、毎年4月に開帳される十一面観音大曼陀羅が有名だ。これは1631年に小松周防守が平維盛嫡男六代の供養と航海安全を願い秘仏本尊を大布に写し奉納した事に始まる。本尊は平安前期、駿河湾底の光明を引き上げ安置したもので、825年弘法大師が観音の為に権立した大殿が長谷寺である。1875年国秀作120反曼陀羅が現存。

奉拝

# 十一面観世音

観音 長谷寺

ご朱印は本堂右手の庫裡で受付。本尊の十一面観世音菩薩は、駿河・伊豆両国横道霊場第13番、御厨横道霊場第32番札所にもなっている

ご真言

| 札所の観音さま |
| --- |
| 十一面観世音菩薩 |

おん　まか
きゃろにきゃ　そわか

DATA

MAP P46-1

| 創建 | 825年(天長2年) |
| --- | --- |
| 所在地 | 沼津市千本緑町1-5 |
| 電話 | 055-963-1831 |
| アクセス | 沼津登山東海バス「観音前」下車すぐ、東名・沼津ICより車で約15分 |
| 駐車場 | 有(無料) |

周辺情報 ▶ 千本浜公園

［第33番札所までの所要時間］車で6分 ◀◀

駿河一国三十三観音
第32番
【駿河・伊豆両国横道
三十三観音霊場第12番】

昭和28年に再建された本堂。寺紋が三つ葉葵なのは徳川幕府からも朱印地を寄進されたため。境内の石畳の中には、昔、京都の路面電車で使われていた敷き石があるそうだ

## 歴代武将の旅殿だった清浄感漂う禅宗寺

# 安養山 蓮光寺【れんこうじ】

臨済宗 妙心寺派

石段の上の山門をくぐれば、端正な枯山水の石庭が広がる境内に、禅寺らしい清冽な空気が漂う。実は、かつての札所は当寺末の海禅山円通寺で、明治初年の廃寺に伴い本尊の馬頭観世音菩薩を移転奉安。昭和20年の沼津空襲で焼失したため、以降は当寺の千手千眼観世音菩薩が札所本尊になった。この観音様には伝承があり、江戸前期に小諏訪の漁師の網にかかって出現。霊示を感じた漁師が

本堂左手に並ぶ無縁仏。最良な場所に配置された上、墓相に基づいて並べられた様に、観音様の大慈大悲の心が感じられる

寺は5度の火災に遭ったというが、今は地蔵堂や鐘楼、客殿なども整う。閑寂な風情は実に心地良く、心が洗われるようだ

DATA

MAP P46-1

| | |
|---|---|
| 創　建 | 1583年(天正11年) |
| 所在地 | 沼津市三芳町1-23 |
| 電　話 | 055-962-1095 |
| アクセス | JR沼津駅南口より徒歩約8分、東名・沼津ICより車で約15分 |
| 駐車場 | 有(無料) |

周辺情報▶日枝神社

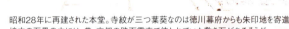

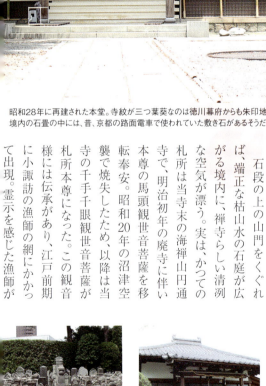

御前立の弥勒菩薩の後ろの厨子に祀られているのが千手千眼観世音菩薩。扉が少し開いているのは、「開かずの御本尊」だった秘仏を戦火避難させる際に転んで鍵が壊れ、自然開扉した時の状態なのだそう

札所の観音さま

千手千眼観世音菩薩

**ご真言**

おん　ばざら　たらま
きりく　そわか

ご詠歌

まどかなる
みちをたどりて
み仏の
二世三枚を
祈るかけはし

**ポイント**

**わずかに拝顔できる本尊の千手千眼観世音菩薩は、前手が一般的な合掌手と宝鉢手に加え、施無畏印と与願印手を2本ずつ出し、計8本あるのが特徴。**

※通常は内陣への立ち入り
本尊の拝顔はできない

蓮光寺に安置すべきと考え寺へ向かうと、途中で夢のお告げを受けた当時の住職・黙外と遭遇したという。

蓮光寺の前身は、牧の御所という源頼朝の旅殿で、北条時頼、今川義元、武田勝頼らも逗留。1583年に三枚橋城主・松平忠次が徳岫禅師を請じて開山した。

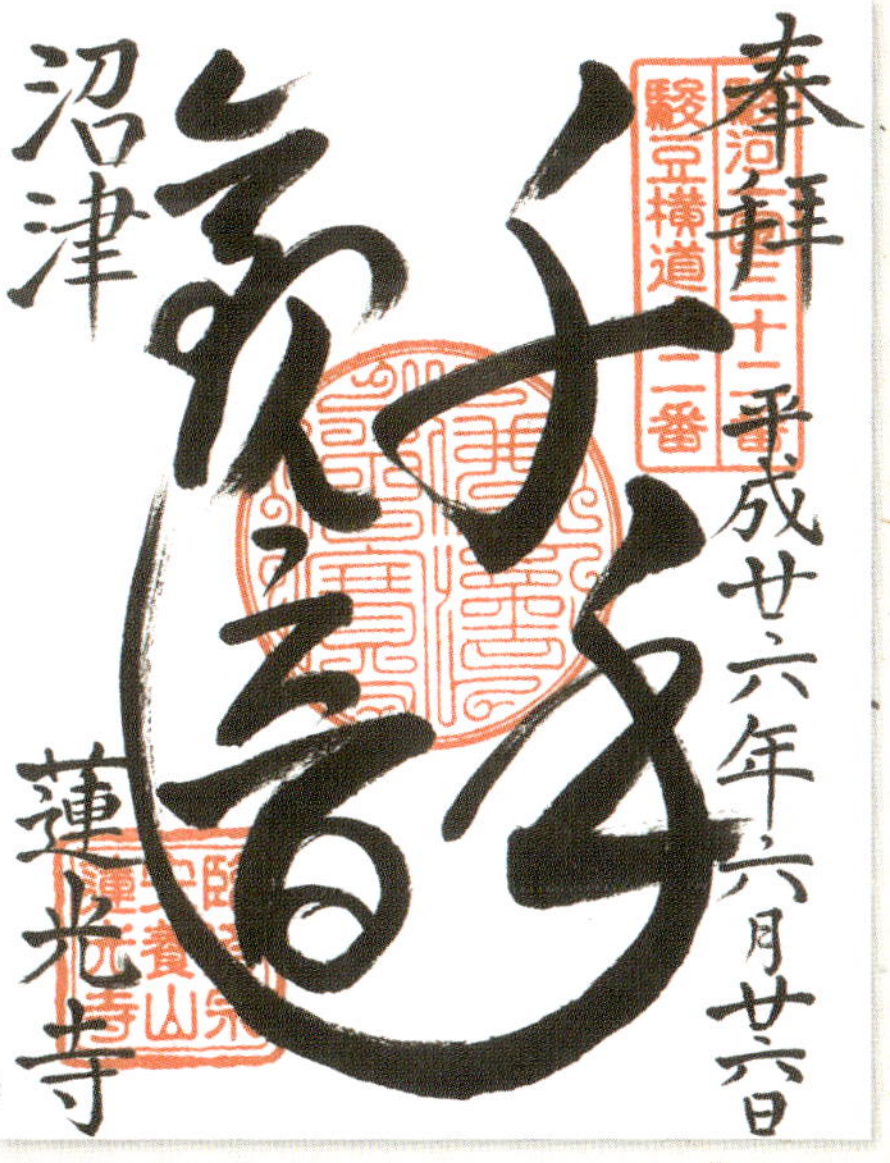


ご朱印は本堂右手の寺務所で受付。駿河・伊豆両国横道霊場12番札所でもあるほか、子宝に恵まれるという子宝草があることから、ふじのくにエンゼルパワースポットになっている

沼津駅の程近くに建つ寺は、かつての沼津城の北東に位置しており、鬼門除けの意味があった可能性もあるという。門前左手には、馬頭観音の石柱があり、旧札所本尊の名残をとどめている

[番外札所までの所要時間] 車で50分◀◀

駿河一国三十三観音
第33番
駿河・伊豆両国横道
【三十三観音霊場第11番】
東海八十八ヶ所霊場66番

# 東海山 潮音寺【ちょうおんじ】

臨済宗 妙心寺派

## 非業の最期を遂げた鶴亀姫が眠る結願寺

亀鶴観音堂。弘法大師が創建したといわれる堂は、亀鶴姫の亡き後、潮音寺の檀家の寄付で再建されて亀鶴山観音寺に。明治の廃仏毀釈で潮音寺に移転合併された

本霊場結願札所は、もとは亀鶴山観音寺。弘法大師が刻んだ聖観世音菩薩を祀ったのが起こりというが、明治期に当寺に吸収された。この「亀鶴観音」には哀話が残る。昔、村の長者が観音様に祈願して授かった亀鶴姫は美人聡明に成長。しかし、源頼朝の召宴を固辞した末、黄瀬川の瀧に入水してしまうのだ。入口左には500年忌に再建された石碑がある。

右_観音堂の正面には、18歳で命を絶った亀鶴姫の石碑がひっそりと建つ　左_潮音寺は、1352年に夢窓国師の門弟・文紹禅師が木瀬川村小関に開創。1614年に天心和尚が移転再興した

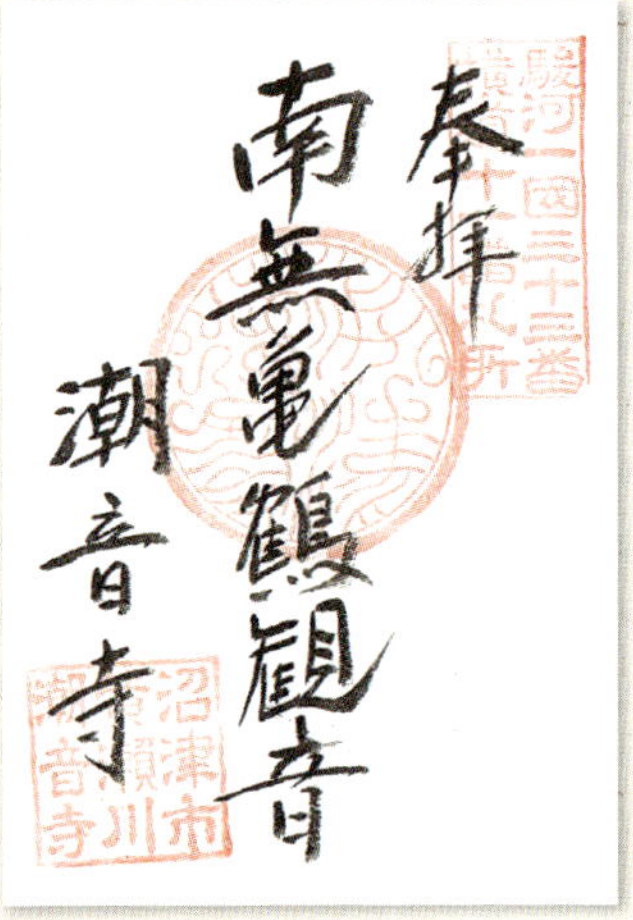


ご朱印は本堂右手の庫裡で受付。元の札所本尊は昭和20年の沼津空襲時に消滅したため、恵心上人作という潮音寺の本尊・聖観世音菩薩が後を引き継いだ

札所の観音さま
聖観世音菩薩

ご真言
おん　あろりきや　そわか

DATA

MAP P46-1

| | |
|---|---|
| 創建 | 1352年(文和元年) |
| 所在地 | 沼津市大岡434 |
| 電話 | 055-963-3968 |
| アクセス | 沼津登山東海バス、伊豆箱根バス「黄瀬川」下車徒歩約2分、東名・沼津ICより車で約15分 |
| 駐車場 | 有(無料) |

周辺情報▶八幡神社(源頼朝と義経の対面石)

本尊は源頼朝が建立。地蔵菩薩は自ら地獄まで下りて苦しむ者を救う仏様。霊魂が集まる日金山は、彼岸に登ると通行人の中に会いたい人の後ろ姿を見ることができるという

## 死者の霊魂が集う地蔵信仰のメッカ

# 日金山 東光寺【とうこうじ】

真言宗

33所の巡拝道を見晴らす十国峠にある番外寺は、273年に松葉仙人が、伊豆山の浜辺から飛来した光る不思議な鏡を祠に祀ったのが始まりという古刹。鎌倉時代には源頼朝も篤く信仰し、寄進した延命地蔵菩薩が本尊になっている。地蔵信仰のメッカである日金山は、昔から「死者の霊が集まる山」と言われ、春秋の彼岸には今も多くの人が参拝に訪れる。

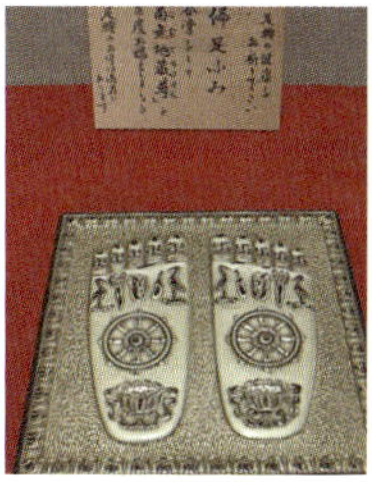

右_十国峠から境内へ向かう途中に、寺の開祖・松葉仙人とそれを支えた木生仙人、金地仙人を供養する宝篋印塔が建つ三仙人塚がある　左_堂内には仏足石があり、足腰の健康を祈って自由に踏むことができる

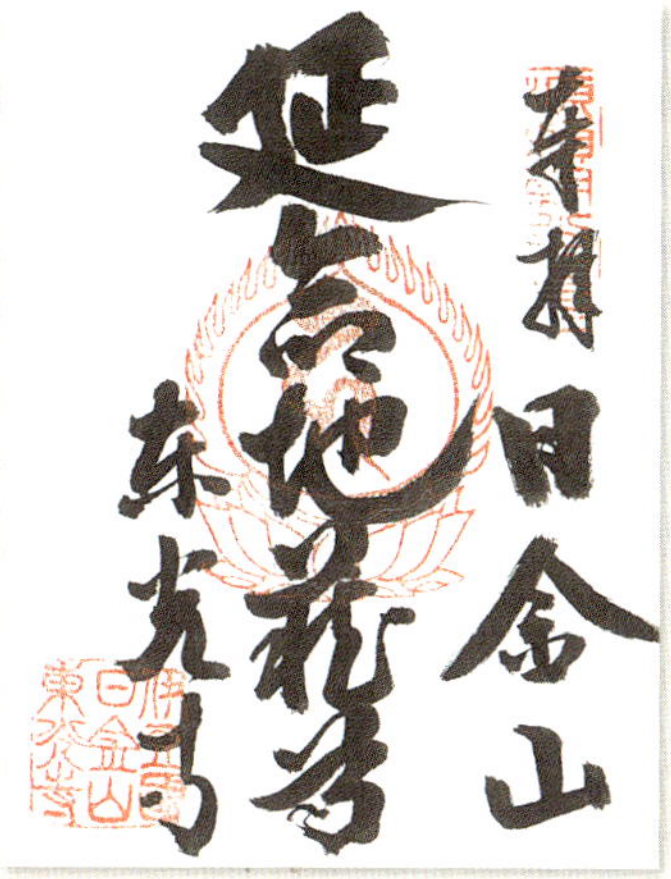


ご朱印は本堂右手の寺務所で受付。伊豆八十八ヶ所霊場23番札所でもあるが、彼岸日以外に参拝する場合は、事前の電話連絡が必要

### 札所の観音さま

延命地蔵大菩薩

ご真言

おん　かかかび　さんまえい　そわか

DATA　MAP P46-1

| | |
|---|---|
| 創建 | 273年（応神天皇4年） |
| 所在地 | 熱海市伊豆山968 |
| 電話 | 0557-82-4528 |
| アクセス | 伊豆スカイライン・熱海峠ICより車で約2分 |
| 駐車場 | 有（無料） |

周辺情報▶十国峠、姫の沢公園、伊豆山神社

# 遠州三十三観音札所めぐり

静岡県の西部、いわゆる遠州全域に点在する遠州三十三観音の札所。

東は菊川市、西は湖西市に至るエリアは、海、山、川、湖という多彩な自然に恵まれ、歴史や文化も濃密だ。

伊豆や中部とは異なる気候や人の気質に触れれば、旅の趣もいっそう味わい深いものになるだろう。

## おすすめモデルコース

第1番　蓮華寺
↓3.9km
第2番　大洞院
↓8.0km
第3番　長福寺
↓3.5km
第4番　春林院
↓8.4km
第5番　大雲院
↓3.4km
第6番　永江院
↓4.7km
第7番　正法寺
↓11.2km
第8番　常現寺
↓6.7km
第9番　龍雲寺
↓23.0km
第10番　紅雲寺
↓20.9km
第11番　龍眠寺
↓1.2km
第12番　普門寺
↓7.8km
第13番　龍巣院
↓6.8km
第14番　慈眼寺
↓1km
第15番　大慈殿
↓7.8km
第16番　松秀寺
↓8.3km
第17番　宣光寺
↓1.7km
第18番　福王寺
↓3.5km
第19番　正醫寺
↓4.5km
第20番　永福寺
↓4.4km
第21番　観音寺
↓15.4km
第31番　成金寺
↓24.3km
第23番　禮雲寺
↓7.6km
第24番　岩松寺
↓3.2km
第25番　正太寺
↓3.9km
第26番　閑田寺
↓11.4km
第22番　延命寺
↓26.0km
第27番　龍泉寺
↓1.7km
第28番　龍秀院
↓14.6km
第29番　法雲寺
↓5.7km
第30番　可睡斎
↓7.3km
第32番　香勝寺
↓4.3km
第33番　極楽寺

# 御朱印めぐり うんちくコラム④

【秘仏と開帳】

厨子などに納めて参拝者に公開しない仏像を「秘仏」と呼び、それによって神秘性が加わり、霊像としての信仰も高くなる。ただ、長期間秘仏であったがゆえに、本誌で紹介した伊豆横道霊場12番・法雲寺では、本尊の如意輪観世音菩薩を江戸時代には馬頭観世音菩薩と間違って信仰していたなどという話もある。

このような秘仏の厨子の扉を開いて参拝者に公開することを「開帳」といい、年に一度、月に一度などの縁日に行われることが多い。さらに長期間秘仏とされる場合は、観音菩薩であれば17年、33年、60年に一度などが多く、基本は絶対秘仏とする伊豆横道三十三観音霊場では、2015年が33年ぶりの一斉開帳の年にあたる。ただ、各寺院や管理地区の都合で全ての札所で行われるかは未定だが、ぜひこの機会に貴重な観音様を拝顔に訪れてみてはいかがだろう。

石の階段を上がると朱塗りの山門があらわれる。奥が本堂だ

上_木喰仏が安置されている観音堂　下_子安地蔵尊。子授けや安産にご利益があると伝えられている

萩の寺とも呼ばれる、緑ゆたかな東海の古刹

# 八形山 蓮華寺【れんげじ】

天台宗

1300年の歴史と歴代住職139代を数える、森町で最も古い寺。この地方の文化の中心地として長く隆盛を極めたが、明治の神仏分離令を受け一山諸堂を廃止したため当時の面影は感じることはできないが、中将姫が織ったといわれる浄土曼荼羅、天台大師画像など多くの文化財が残されている。札所本尊である聖観音像は厄除け観音と伝えられる霊験あらたかな菩薩で六十年目ごとにご開帳される秘仏。

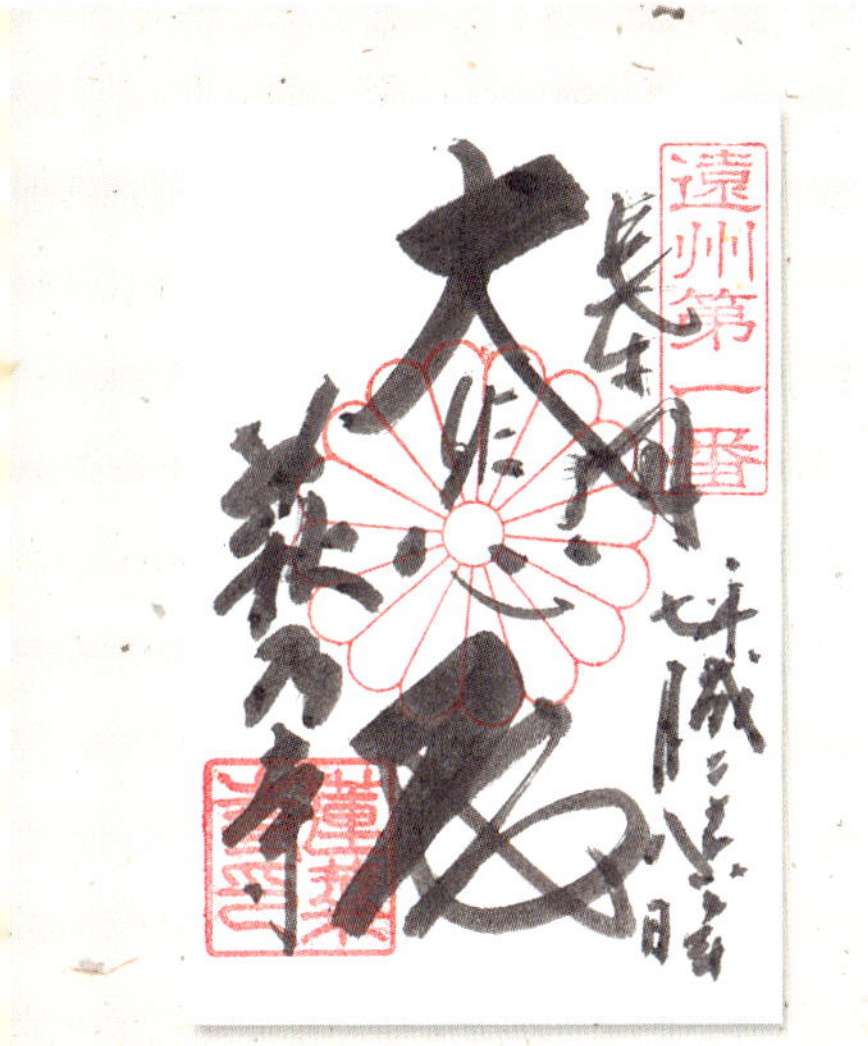


御朱印は本堂横の寺務所にて。背面にある「蓮華寺文化財記念館」にも寄りたい

**札所の観音さま**

聖観世音菩薩

**ご真言**

おん　あろりきゃ　そわか

DATA

MAP P86-1

| | |
|---|---|
| 創建 | 704年 |
| 所在地 | 周智郡森町大門2144 |
| 電話 | 0538-85-5374 |
| アクセス | 新東名 森・掛川ICより車で5分 |
| 駐車場 | 有(無料・大型バス可) |

周辺情報▶森町歴史民族資料館

[第3番札所までの所要時間] 車で17分

本堂。横には坐禅堂があり、数多くの僧が座禅をし修行の日々を送った

遠州三十三観音
第02番

3400もの末派寺院を持つ曹洞宗屈指の寺

# 橘谷山 大洞院【だいとういん】

曹洞宗

一歩足を踏み入れた途端、他とは違う澄んだ空気を肌で感じる大洞院。坐禅堂があり、事前に申し込めば個人利用も可。覗くと余命がわかるといわれた「秋葉のみかげ井戸」、開山以来消えていない「消えずの灯明」など数々の伝説が残る。境内一帯には数多くのモミジの木があり、初夏の新緑と秋の紅葉はとても綺麗。森の石松の墓は多くの人に削られてしまい現在の墓は3回建てなおされたとか。

右_観音堂の欄間には馬を描いた奉納額がある　左_森の石松の墓。勝負運がつくという噂を呼び、隠れたパワースポットとなっている

御朱印は本堂すぐ横の社務所にて。お守りなども購入できる

札所の観音さま
馬頭観世音菩薩

ご真言
おん　あみりとう
どはんば　うん　はった

DATA　MAP P87-3

| | |
|---|---|
| 創建 | 1411年 |
| 所在地 | 周智郡森町橘249 |
| 電話 | 0538-85-2009 |
| アクセス | 新東名 森・掛川ICより車で7分 |
| 駐車場 | 有(50台・無料) |

周辺情報▶小國神社

[第4番札所までの所要時間] 車で8分 ◀◀

遠州三十三観音
第03番

空を飛んだ「釣り鐘」の伝説が残る

# 安里山 長福寺

【ちょうふくじ】

曹洞宗

広い境内には曽我兄弟の五郎時政の供養塔があり、本堂脇如来堂には薬師如来、大日如来、阿弥陀如来、弘法大師などが祀られている。「釣り鐘が突然鐘楼から外れ、うなりを上げながら大和の大峯山を目指し空を飛んでいき大峰山の鐘掛岩絶壁に掛かった」という伝説が残る釣り鐘は現在、奈良県大峰山寺にあり重要文化財となっている。鋳造日と「遠江国佐野郡原田郷　長福寺」の文字が刻まれているというから謎は深まるばかり。

本堂の裏山にある、役行者堂につながる階段。自動車で行けるルートもある

上_昭和に大改修が行われた本堂　下_裏山山頂にある「役行者堂」。棟が高く赤い壁が特長

御朱印は本堂にて受付てくれる

札所の観音さま

聖観世音菩薩

ご真言

おん　あろりきゃ　そわか

DATA　MAP P86-1

| | |
|---|---|
| 創　建 | 726年 |
| 所在地 | 掛川市本郷1389-1 |
| 電　話 | 0537-26-0041 |
| アクセス | 新東名 森・掛川ICより<br>車で5分 |
| 駐車場 | 有(無料) |

周辺情報▶加茂花菖蒲園

遠州三十三観音 第04番

本堂。手前には桜が植えられており、風情がある

白亜の観音様と季節の花が迎えてくれる

# 鞍淵山 春林院

【しゅんりんいん】

曹洞宗

創建当時は山深い上垂木七窪にあったといわれ、可睡斎後見寺として現在に至る。本堂内の三十三身観音木像や五百羅漢、釈迦涅槃像、開山堂内の彫刻、江戸時代のみごとな天井画など見どころが多い。寺の西側にはビオトープ自然公園が整備されており、里山景観を復元した雑木林やせせらぎゾーンは散策に適している。月に一度の坐禅会や春・秋に行われる落語会も人気を集めている。

「白木ハナエ」氏による金運と福寿長命をいただいた証として建立した白木観音菩薩

釈迦涅槃像と三十三身観音菩木像

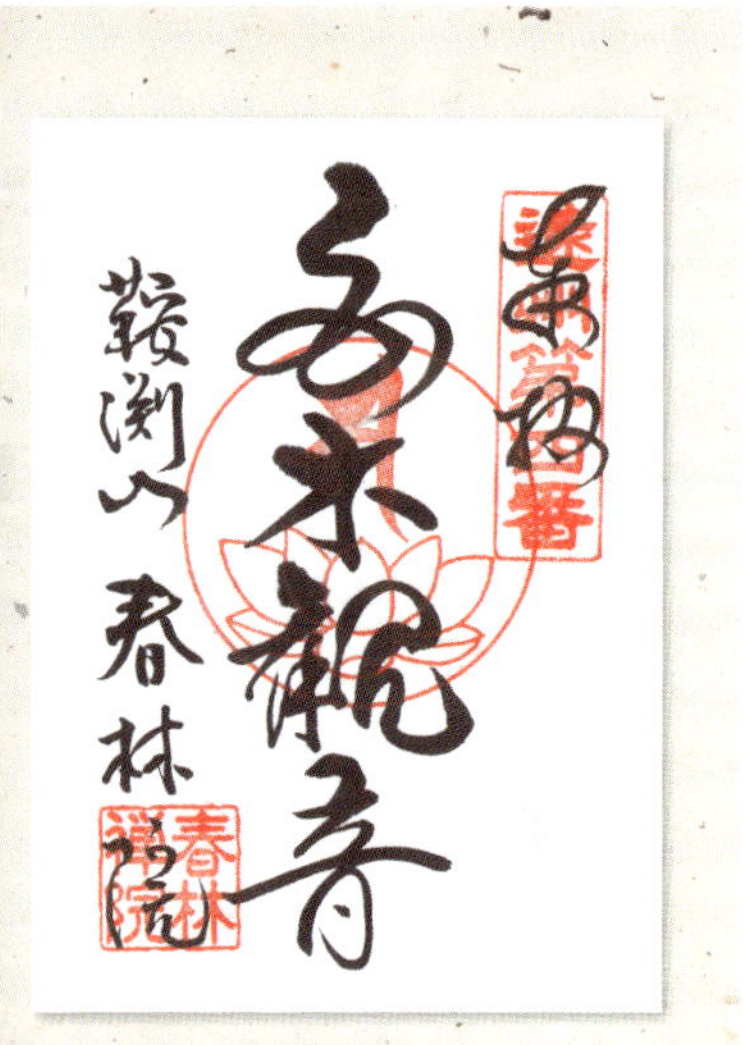

御朱印は本堂にて。HPも充実しているので参考に。http://www.syunrinin.jp/

札所の観音さま

聖観世音菩薩

ご真言

おん あろりきゃ そわか

DATA

MAP P86-1

| | |
|---|---|
| 創建 | 1469年 |
| 所在地 | 掛川市吉岡1051 |
| 電話 | 0537-26-2626 |
| アクセス | 新東名 森・掛川ICより車で10分 |
| 駐車場 | 有（70台・無料） |

周辺情報▶吉岡大塚古墳、春林院古墳・和田岡古墳群

遠州三十三観音

# 第05番

上_枯れてしまった松の木でできた、西有禅師作の扁額。どれほど巨木だったかわかる　下_敷地内に病にご利益がある小さな洞窟穴観音がある

観音堂の秘仏の聖観世音菩薩は行基作と伝えられている

数々の不思議伝説が残る霊験あらたかな寺

## 瑞霧山 大雲院【だいうんいん】

曹洞宗

このエリア一帯の「垂木」という地名は、寺にあった枝垂れ大松が由来となっている。1786年に全伽藍を焼失し多くの寺宝を失ってしまったが、不思議と本尊聖観音菩薩、脇仏不動尊、毘沙門天、槇の巨木だけは無傷で残ったという。また、観音堂に合祀されている文殊菩薩（八百年前の瓦製）は、濡れた布巾で掃除をすると白い粉が吹き出るという摩訶不思議な菩薩だという。

御朱印は本堂にて。事前に連絡すると安心だ

札所の観音さま

聖観世音菩薩

ご真言

おん　あろりきゃ　そわか

DATA　MAP P86-1

| | |
|---|---|
| 創　建 | 1575年（天正3年） |
| 所在地 | 掛川市上垂木87 |
| 電　話 | 0537-26-0553 |
| アクセス | 新東名 森・掛川ICより車で10分 |
| 駐車場 | 有（100台・無料） |

周辺情報▶ヴィレッジ（お寺を改装したカフェ）

[第7番札所までの所要時間] **車で10分** ◀◀

遠州三十三観音

# 第06番

【遠州七福神 布袋尊霊場】

すがすがしい境内。遠州七福神布袋尊の霊場でもある

三方を山に囲まれた緑ゆたかな寺

## 和光山 永江院【ようこういん】

曹洞宗

総門と龍の彫刻は掛川城主・山内一豊が寄進したもので、彫刻は飛騨高山の名匠・藤原棟教の作。この「彫刻の龍」は夜になると近くの池に水を飲みに行くという言い伝えがあり、今でも金網で覆われている。1792年に再建した本堂は重層入母屋のみごとな建築であり安政地震にも倒れず今日に至っている。冬のみ拝見できる山岡鉄舟の8枚にわたる豪快な襖の書にも注目。

右_お厨子におさめれらている救世観世音菩薩　左_穏やかなお顔が印象的な僧形文殊菩薩

御朱印は庫裡玄関にて受付

札所の観音さま

救世観世音菩薩

ご真言

おん　あろりきゃ　そわか

DATA　MAP P86-1

| | |
|---|---|
| 創　建 | 1489年 |
| 所在地 | 掛川市和光3-12-2 |
| 電　話 | 0537-22-2917 |
| アクセス | 東名・掛川ICより車で6分 |
| 駐車場 | 有(無料) |

周辺情報▶龍尾神社

[第8番札所までの所要時間] 車で19分

遠州三十三観音

第07番

江戸時代と明治に2度火災に見舞われたが再建し現在に至る

# 曽我山 正法寺【しょうぼうじ】

曹洞宗

## 江戸中期の巡礼札が残る古からの観音霊場

正法寺の前身は正眼院という真言宗の寺で、袋井の法多山の末寺だった。その後廃寺となってしまったが、明圓見珠和尚がこの地に来て曹洞宗曽我山正法寺を開創したと言われている。観音堂には十一面観音菩薩がまつられており、現在は秘仏。六道のうち阿修羅を救済する観音さまで特に除病滅罪求幅のために信仰される。江戸中期・宝暦7年と記された巡礼札があり、その当時から多くの人を救っていることがうかがえる。

観音堂入口。遠江三十三観音の札所にもなっている

観音堂。民家風の2階建てになっており、珍しい

御朱印は庫裏で。不在の場合は観音堂に小さな箱があり御朱印が用意されている

札所の観音さま

十一面観世音菩薩

ご真言

おん まか きゃろにきゃ そわか

DATA

MAP P86-2

| | |
|---|---|
| 創建 | 1410年 |
| 所在地 | 掛川市高御所1312 |
| 電話 | 0537-22-4668 |
| アクセス | 東名・掛川ICより車で5分 |
| 駐車場 | 有(無料) |

周辺情報▶資生堂アートハウス

[第9番札所までの所要時間] 車で11分

遠州三十三観音
第08番

本堂。仏道を常に現ずる寺という意味から「常現寺」と命名された

龍を封じ込めた伝説の残る寺

# 龍谷山 常現寺【じょうげんじ】

曹洞宗

当寺の開山覚雄宋鑑禅師が旅の途中「龍が棲み夜な夜な街道に出没して悪さをする」と泣きわめく村人たちを助けようと龍を封じ込め、人々の延命と安泰を祈念して延命地蔵尊を祀り寺を建立。以来500年余り歴代住職23代にわたり受け継がれてきた。最近は本尊延命地蔵の縁により水子供養の寺として信仰を仰いでおり、お寺付近の高台には親地蔵尊を中心に数千体の水子地蔵尊が立てられている。

右_イボ取りに大きな信仰を集めている「イボ取り観音」
左_観音堂。札所本尊である十一面観世音菩薩は栗ヶ岳に安置されているとか

御朱印は寺務所にて受付

札所の観音さま

十一面観世音菩薩

ご真言

おん まか きゃろにきゃ そわか

DATA

MAP P86-1

| | |
|---|---|
| 創建 | 1501年 |
| 所在地 | 掛川市日坂506-1 |
| 電話 | 0537-27-1050 |
| アクセス | 東名・菊川ICより車で20分 |
| 駐車場 | 有(無料) |

周辺情報▶夜泣石

［第10番札所までの所要時間］車で40分

「念ずれば花開く」諸願成就のお寺

# 洞谷山 龍雲寺【りゅううんじ】

曹洞宗

開創以来、現在に至るまで26代の世代を相続してきた

札所ご本尊である如意輪観世音菩薩さまは住職の夢枕に現れたそうで、この深い因縁より奉祀されるようになった。観音さまの御名を称えれば福徳智恵の二徳が授かり、祈願成就のご利益が必ず得ることができるといわれている。西側にある「竜雲稲荷大明神」は小高い山頂にあり眺めも良いのでぜひ足を運んでおきたい。2月の最終日曜日は「福天大権現」の大祭があり、多くの人が訪れる。

お厨子の中の如意輪観世音菩薩

福天大権現へも参拝をお忘れなく

御朱印は寺務所にて受付

札所の観音さま

如意輪観世音菩薩

ご真言

おん　ばらだ
はんどめい　うん

DATA

MAP P86-1

| | |
|---|---|
| 創　建 | 1514年 |
| 所在地 | 菊川市西方3780-1 |
| 電　話 | 0537-35-2939 |
| アクセス | 東名・菊川ICより車で10分 |
| 駐車場 | 有(無料) |

周辺情報▶つま恋

[第11番札所までの所要時間] 車で34分 ◀◀

遠州三十三観音
第10番

本堂は一般の家のような雰囲気

## 潮騒が聞こえる遠州札所最南端の寺

# 江湖山 紅雲寺【こううんじ】

曹洞宗

弘法大師作といわれる約1メートルの薬師如来像のある紅雲寺。札所本尊の魚籃観世音菩薩は仏の慈悲を象徴しており、人々のあらゆる苦しみを救ってくれるといわれている。別名「さつき寺」とも呼ばれ本堂裏山斜面にはさつきが群生し、毎年5月下旬が見頃。境内にはかつて天然記念物であった玉の木がある。

魚籃観世音菩薩。手に魚の入ったかごを持っているのが特長

大きく枝を広げる玉の木。寺院の歴史を感じられる

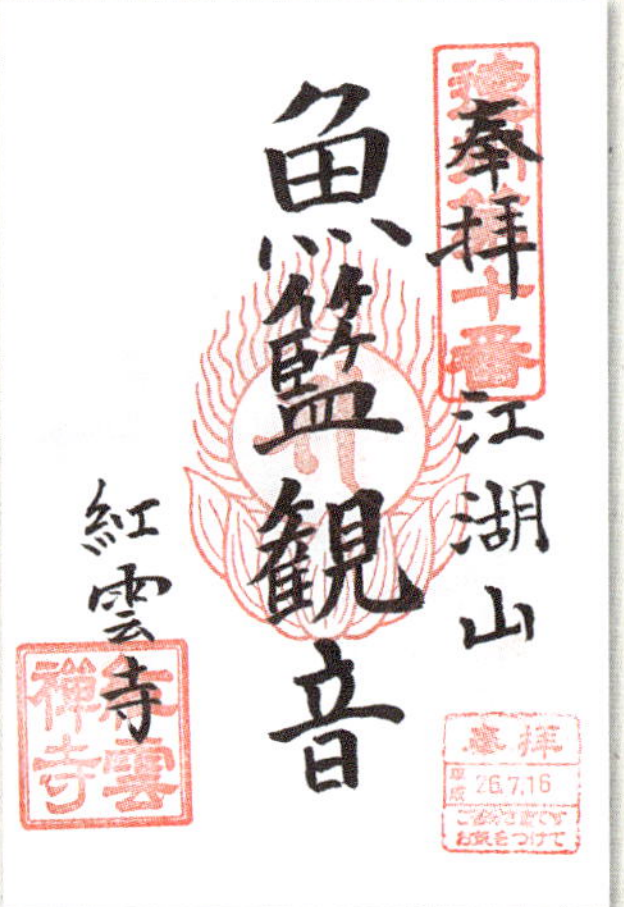


御朱印は本堂にて。事前に連絡すれば夕方過ぎでも対応可

札所の観音さま

魚籃観世音菩薩

ご真言

おん あろりきゃ そわか

DATA

MAP P86-2

| | |
|---|---|
| 創　建 | 828年 |
| 所在地 | 御前崎市白羽963 |
| 電　話 | 0548-63-2375 |
| アクセス | 東名・牧ノ原ICより車で20分 |
| 駐車場 | 有(無料) |

周辺情報▶御前崎灯台、浜岡砂丘

［第12番札所までの所要時間］車で3分 ◀◀

遠州三十三観音
# 第11番

横須賀城主　西尾家の歴代の墓が並ぶ

# 平等山 龍眠寺【りゅうみんじ】

曹洞宗

1634年山火事により焼失。1641年再建。昭和58年に新築し今に至る

煩悩心を仏が開かしめるという形を表現しているそう

室町中期の1496年、樹木ケ谷（現沢上町）に大樹宗光禅師の初開道場として建立。横須賀城六代城主・松平出羽守忠次の命により現在の西大谷入口に寺領を賜って移築され現在に至る。1682年横須賀城主西尾家歴代の墓所として信州小諸より13代城主 西尾忠成が入府、以後20代城主　忠篤の時代まで約180年間、安定した庇護のもとに栄えた。別名「椿の寺」とも呼ばれ、毎年2月中旬より美しい花を楽しめる。

かつて十王堂で祀っていた仏像を本堂に合祀

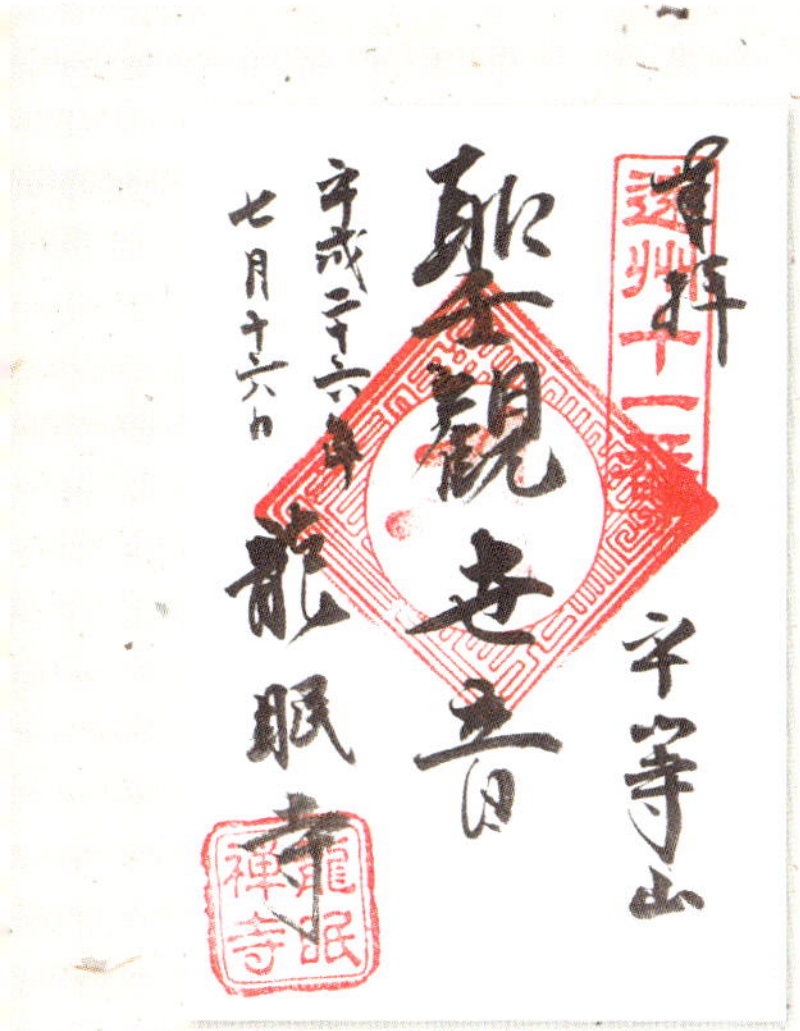


御朱印は本堂にて賜わってくれる

札所の観音さま

聖観世音菩薩

ご真言

おん　あろりきゃ　そわか

DATA　MAP P86-2

| | |
|---|---|
| 創　建 | 1496年 |
| 所在地 | 掛川市西大淵5659 |
| 電　話 | 0537-48-2504 |
| アクセス | 東名・袋井ICより車で40分 |
| 駐車場 | 有（無料） |

周辺情報▶横須賀城跡

［第13番札所までの所要時間］ 車で20分

遠州三十三観音
第12番

観音本堂前には鳥居が。「観自在」の文字が見られる

## 比叡山延暦寺の直末１３００年の時が流れる

# 千手山 普門寺【ふもんじ】

天台宗

創建は７０４年と伝えられ、延暦寺三代座主円仁（慈覚大師）により天台宗に改宗。平重盛が高倉天皇の御悩み平癒と遠州灘の海上安全祈願の為、場所を現在地に移し、最澄（伝教大師）作の聖観音菩薩と安芸の宮島から弁財天を勧請安置した。また、船中遭難を免れたと伝わる文覚上人手彫りの船底板不動尊を祀る不動堂や静岡善光寺堂、隣接する三十三観音巡りの遊歩道（一周90分）も有名。

広い敷地のもっとも奥に静岡善光寺堂がある

めがね橋をわたり、弁財天堂へ

住職不在の場合は、本堂横の御朱印箱から持って行けるようになっている。1枚300円

札所の観音さま
聖観世音菩薩

ご真言
おん あろりきゃ そわか

DATA　MAP P86-2

| | |
|---|---|
| 創　建 | 704年 |
| 所在地 | 掛川市西大渕6429 |
| 電　話 | 0537-48-3921 |
| アクセス | 東名・掛川ICより車で15分 |
| 駐車場 | 有（無料・大型バス6台可） |

周辺情報▶横須賀城址、地産直売サンサンファーム

遠州三十三観音

# 第13番

本堂前の水槽には龍の像がつけられている

龍の住処を譲ってもらった500年の古刹

# 長嶽山 龍巣院【りゅうそういん】

曹洞宗

「池の水を干上げて差し上げます、そこに寺を建ててください。私がそこを守護しましょう」と龍神が禅師の枕元にあらわれたという伝説が残る龍巣院。山門には左甚五郎作胴切りの龍のほか、本堂内には諏訪和四郎作の龍虎獅子の欄間彫刻、十万石の駕籠（かご）がある。厄除十一面観音は、西国三十三番巡拝を無事に終えた記念とお札をこめて安置したものであり、満願成就を約束してくれるという。

観音堂には、観音像以外に薬師如来等も祀られている

山門の龍の彫刻は見もの

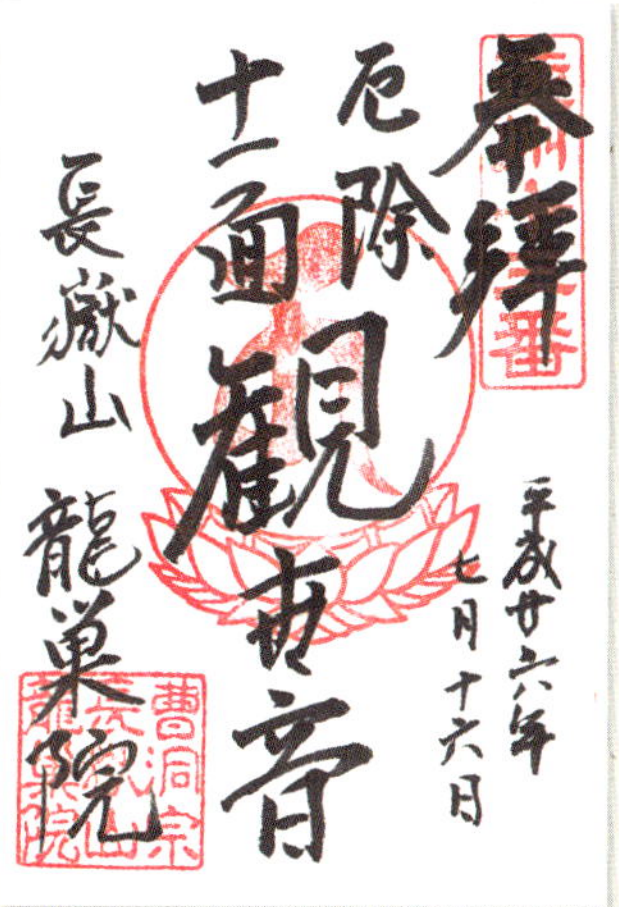


ご朱印は本堂横の寺務所へ
HPで情報を調べるのもいい
http://www.ryuusouin.com/

札所の観音さま

十一面観世音菩薩

ご真言

おん まか きゃろにきゃ そわか

DATA

MAP P86-2

| | |
|---|---|
| 創　建 | 1485年 |
| 所在地 | 袋井市岡崎6365 |
| 電　話 | 0538-23-4049 |
| アクセス | 東名・袋井ICより車で15分 |
| 駐車場 | 有（無料） |

周辺情報▶馬伏塚城跡

遠州三十三観音
第14番

全景。JR袋井駅からほど近い。街中にありながら禅寺ならではの凛とした空気が漂う

# 南北朝時代の哀史を秘める歴史とロマンの寺

## 福聚山 慈眼寺【じげんじ】

曹洞宗

遠州風土紀伝によると、後醍醐天皇の皇子守永親王が東行の途中遠州灘沖で船が難破し、この地に行宮を建て17年間住んでいたが、その後亡くなり供養のために観音堂を建てたのが慈眼寺のルーツといわれる。当初は那智山観音堂という天台宗の寺だった。昭和55年に現在の本堂に建て替えられた。聖観世音菩薩は行基作の秘仏でありご開帳は33年に一度。開運稲荷、喜多向地蔵尊、遠州流石庭など見どころが多い。

右_喜多向地蔵。札所まいりの際にはこちらにも手を合わせたい　左_客殿から眺められる石庭

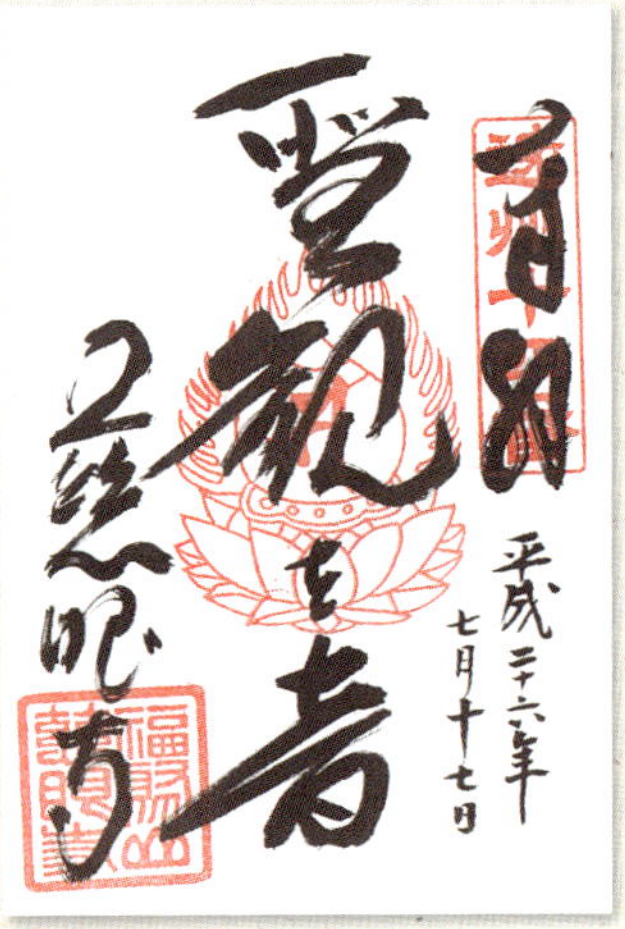


御朱印は本堂にて受け付けてくれる

札所の観音さま

聖観世音菩薩

ご真言

おん　あろりきゃ　そわか

DATA

MAP P86-2

| | |
|---|---|
| 創建 | 1331年 |
| 所在地 | 袋井市掛之上8-2 |
| 電話 | 0538-42-2540 |
| アクセス | 東名・袋井ICより車で7分 |
| 駐車場 | 有(20台・無料) |

周辺情報▶特になし

[第16番札所までの所要時間] **車で19分** ◀◀

遠州三十三観音
第15番

本来は甚光寺という名前だが、いつしか「夢見観音」や俗称である「大慈殿」で親しまれている

人々を救い、夢を叶えてくれる夢見観音さま

# 明星山甚光寺 大慈殿

【だいひでん】

曹洞宗

札所本尊「夢見観音」は鎌倉前期または飛鳥時代の作といわれている。皇族公爵から万民にいたるまで厚く信仰され、参勤交代の際にご加護を祈願することで無事旅ができたと伝えられ、今日では交通安全の観音様として親しまれている。平成5年に不審火により本堂が全焼したが、夢見観音の姿がまるで災厄を避けたかのように現れ人々を驚かせたとか。毎年3月18日と9月18日に夢見観音大祭が行われ多くの参拝者が訪れる。

右_人々の希望を叶えて下さる夢見観音　左_彼岸には白い曼珠沙華が境内一面に咲いて美しい

御朱印は本堂で。待っている間に境内を散策するのもいい

札所の観音さま

夢見観世音菩薩

ご真言

おん　あろりきゃ　そわか

DATA

MAP P86-2

| | |
|---|---|
| 創　建 | 1648年 |
| 所在地 | 袋井市方丈1丁目 |
| 電　話 | 0538-42-2380 |
| アクセス | 東名・袋井ICより車で6分 |
| 駐車場 | 有(無料) |

周辺情報▶熊野大頭龍神社

[第17番札所までの所要時間] 車で20分

遠州三十三観音
第16番

# 1万株の睡蓮が咲き誇る 古来からの霊場

# 龍冨山 松秀寺【しょうしゅうじ】

曹洞宗

本堂。屋根の上には逆立ちしている獅子がいる

現在の本堂は昭和19年の南海大地震のあとに復興したもの。柱は、お寺には珍しい鉄筋コンクリート製。戦後の混乱で木材が入手できなかった当時の面影を感じることができる。参道左側には「弁天池」と呼ばれるおよそ300平方メートルの池があり、白・黄色・ピンクの美しい睡蓮が見られることで有名。見頃は6月上旬～7月下旬まで。午前10時過ぎにはしぼんでしまうので早朝に出掛けたい。眼病

格子のはまった小堂には、石像が安置されている

京都・大徳寺の古渓和尚が揮毫した「龍冨山」の額

DATA

MAP P87-4

| | |
|---|---|
| 創　建 | 1501年 |
| 所在地 | 袋井市富里453 |
| 電　話 | 0538-23-3079 |
| アクセス | 東名・袋井ICより車で15分 |
| 駐車場 | 有(30台・無料) |

周辺情報▶大須賀城の古戦場

睡蓮。テレビ局が撮影に訪れるほど有名

**ポイント**

弁天池を覆う老松の姿が龍に似ていることから「龍冨山松秀寺」と名付けられた。明治初期に建設した本堂はあまりに大きく維持管理ができなくなり可睡斎に売却された。

**札所の観音さま**

聖観世音菩薩

**ご真言**

おん　あろりきゃそわか

**ご詠歌**

とむさとの
めぐみのいのり
あさはやく
とかえりでらの
すくいなりけり

をわずらった家康が薬師堂に立願したとか、朝早くお参りすると足や腰の痛みが治ると伝わる「朝観音」などいわれが多い。昔から霊場として知られており、遠州七福神の弁財天、遠江四十九薬師霊場の札所にもなっている。

通り抜ける風が清々しい山門

御朱印は本堂脇にある、総受付にて対応してくれる

［第18番札所までの所要時間］車で4分

遠州三十三観音
第17番

見附宿の街道沿いから横道に入る小さい路地奥にある

# 珠玉山 宣光寺【せんこうじ】

曹洞宗

## 多くの文化財を有する 家康ゆかりの寺

日本三代地蔵の一つとされる高さ1・4mもある平安時代の木彫り座像「延命地蔵菩薩」は今も彩色が鮮やかであり、延命長寿と家内安全のご利益を求め参拝者が絶えない。左右には平安時代の不動明王と毘沙門天の木像、さらに木喰上人作の子育如来像と子育て地蔵が安置されいずれも文化財に指定されている。1587年に徳川家康が戦で亡くなった人の冥福を祈って寄進した釣り鐘は必見。

右_延命地蔵菩薩はかつては60年に一度の開帳だったが今は常時公開されている　左_家康寄進の釣り鐘。表面に刻まれている銘文にも注目

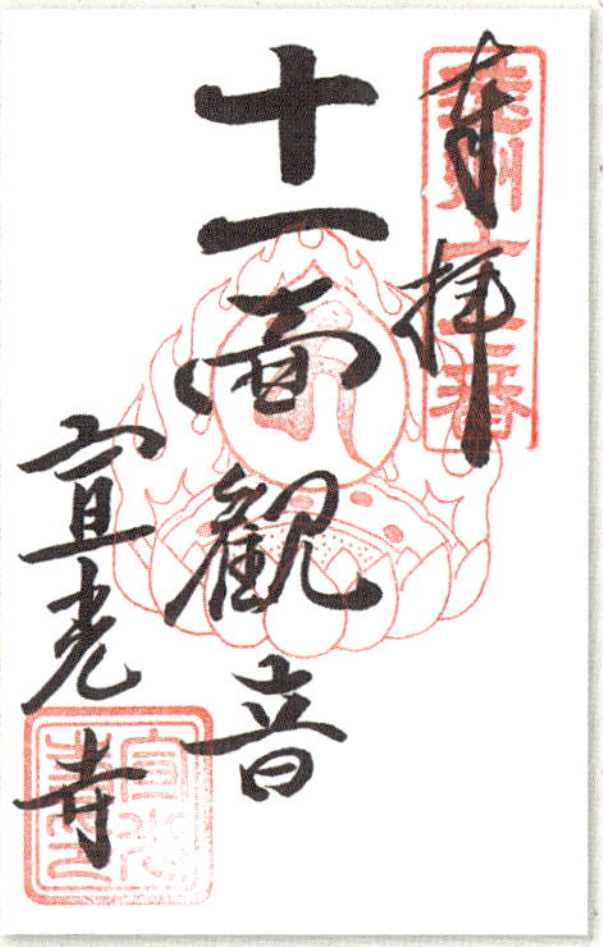


御朱印は寺務所にて。日時により対応できない場合もあるので事前連絡がベター

札所の観音さま

十一面観世音菩薩

ご真言

おん　まか　きゃろにきゃ　そわか

DATA

MAP P87-4

| | |
|---|---|
| 創　建 | 1596年 |
| 所在地 | 磐田市見付1340-1 |
| 電　話 | 0538-32-2489 |
| アクセス | 東名・磐田ICより車で5分 |
| 駐車場 | 有（30台・無料） |

周辺情報▶見附宿

[第19番札所までの所要時間] 車で9分

遠州三十三観音
第18番
遠州七福神
福禄寿尊霊場
遠州四十九薬師霊場

朱塗りの山門。遠州七福神 福禄寿尊の霊場でもある

上_安倍晴明権現。緑の芝が美しい　下_花と緑と鳥の声さえずる「萬両園」。佇んでいるだけで心地良い

重要文化財の聖観世音は開運にご利益あり

# 風祭山 福王寺

【ふくおうじ】

曹洞宗

984年に遠州一帯に暴風が来襲した時、たまたま京都から諸国行脚に訪れていた陰陽師安倍晴明の祈祷により暴風を鎮め、多くの人々の災難を救ったことから「風祭山」と称するようになった福王寺。祈祷の旧跡が境内西に今も残っており、毎年3月8日には風祭りの行事がおこなわれる。今川範国公の墓や大書院裏にある孟宗竹林の庭園「萬両園」など数多くの魅力があふれる。

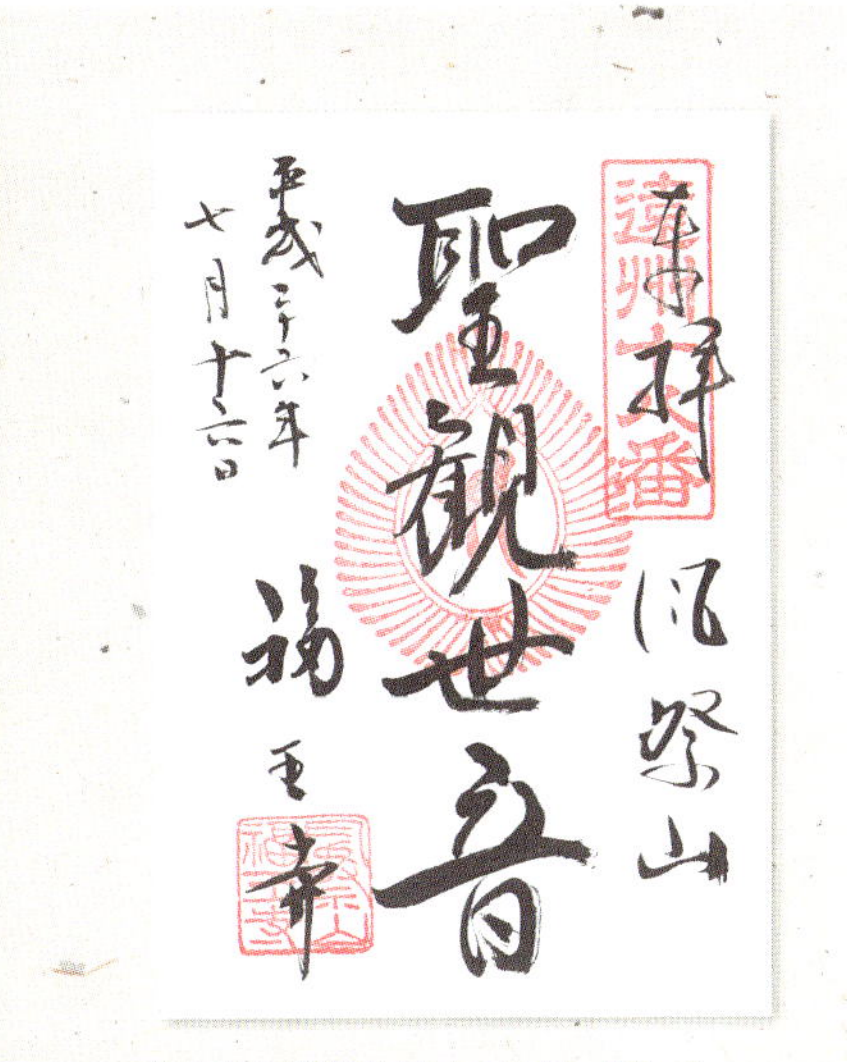


御朱印は庫裡受付にて対応してくれる

札所の観音さま

聖観世音菩薩

ご真言

おん　あろりきゃ　そわか

DATA

MAP P87-4

| | |
|---|---|
| 創　建 | 1444年 |
| 所在地 | 磐田市城之崎4-2722-1 |
| 電　話 | 0538-35-7272 |
| アクセス | 東名・磐田ICより車で10分 |
| 駐車場 | 有(20台・無料) |

周辺情報▶見附学校

遠州三十三観音
第19番

現在の本堂は1868年に再建されたもの

# 東光山 正醫寺【しょういじ】

曹洞宗

## 多くの仏像が安置される 長い歴史を持つ寺

草創は延暦元年（782年）。慶長5年（1600年）に曹洞宗へ改宗。ご本尊は薬師如来。1986年に再建した本堂南側の仏堂には、一面六臂の如意輪観音がまつられており、下万能という地名であることから「萬能観音」とも呼ばれている。堂内には他に、釈迦如来、阿弥陀如来、大日如来、聖観音、延命地蔵、虚空蔵菩薩、不動明王、毘沙門天など江戸時代前期の仏像が安置されている。

小さな六地蔵。可愛らしい姿に心なごむ

右側のお厨子に入れられているのが如意輪観音菩薩さま

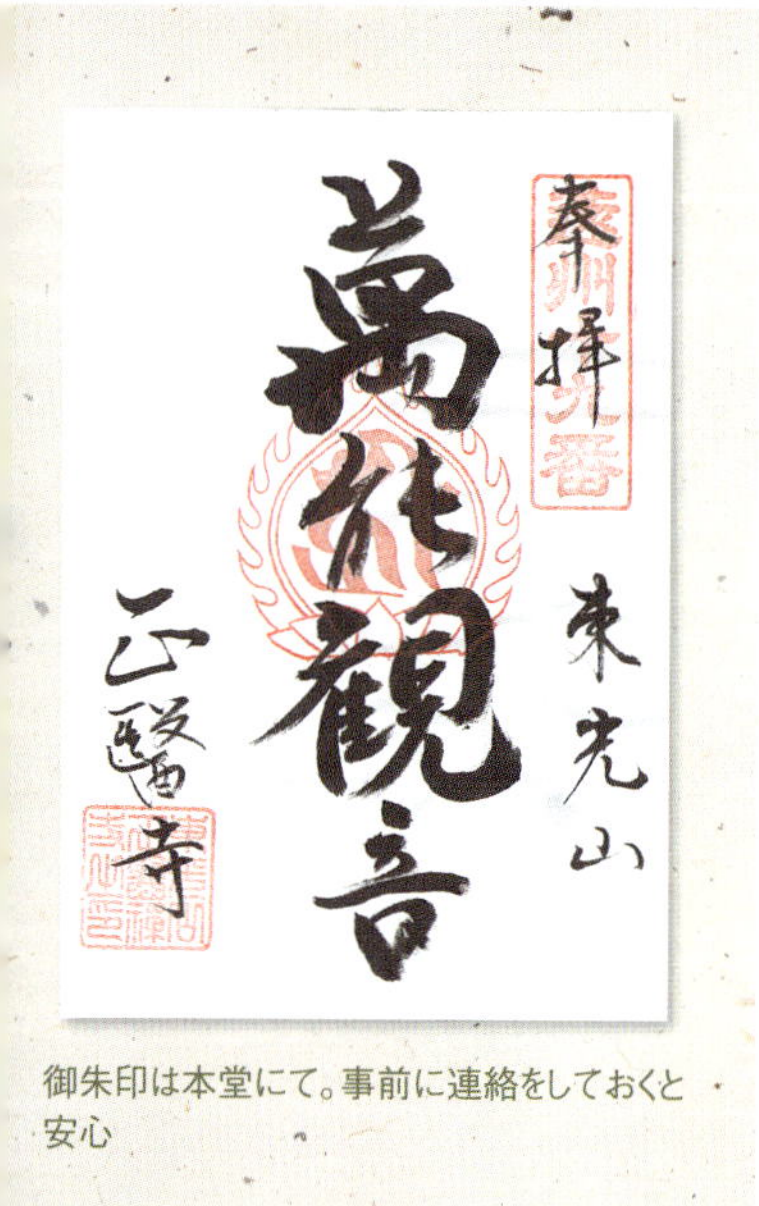


御朱印は本堂にて。事前に連絡をしておくと安心

札所の観音さま

如意輪観世音菩薩

ご真言

おん　ばらだ
はんどめい　うん

DATA　MAP P87-4

| | |
|---|---|
| 創　建 | 782年 |
| 所在地 | 磐田市下万能1162-1 |
| 電　話 | 0538-34-5243 |
| アクセス | 東名・磐田ICより15分 |
| 駐車場 | 有（無料） |

周辺情報▶磐田市香りの博物館

山門から本堂を眺める

観音堂。正面には十一面観世音菩薩が安置

三十三観音が一堂に揃う姿は見もの

# 今浦山 永福寺【えいふくじ】

曹洞宗

「永福寺」の名前の由来は、開創当時の歴号である永生の「永」と万人が幸福であるように、との願いから。1859年、安政の大暴風の被害により全壊したが23年後に再建。観音堂には十一面観世音菩薩、ならびに西国三十三観音像が並べられており、さまざまなお姿を拝見できる。祀られている十三王さまは木像で大変古く、鎌倉時代後期の作といわれている。

十王独特の鮮やかな色は剥離してしまっているが、とても趣きを感じる

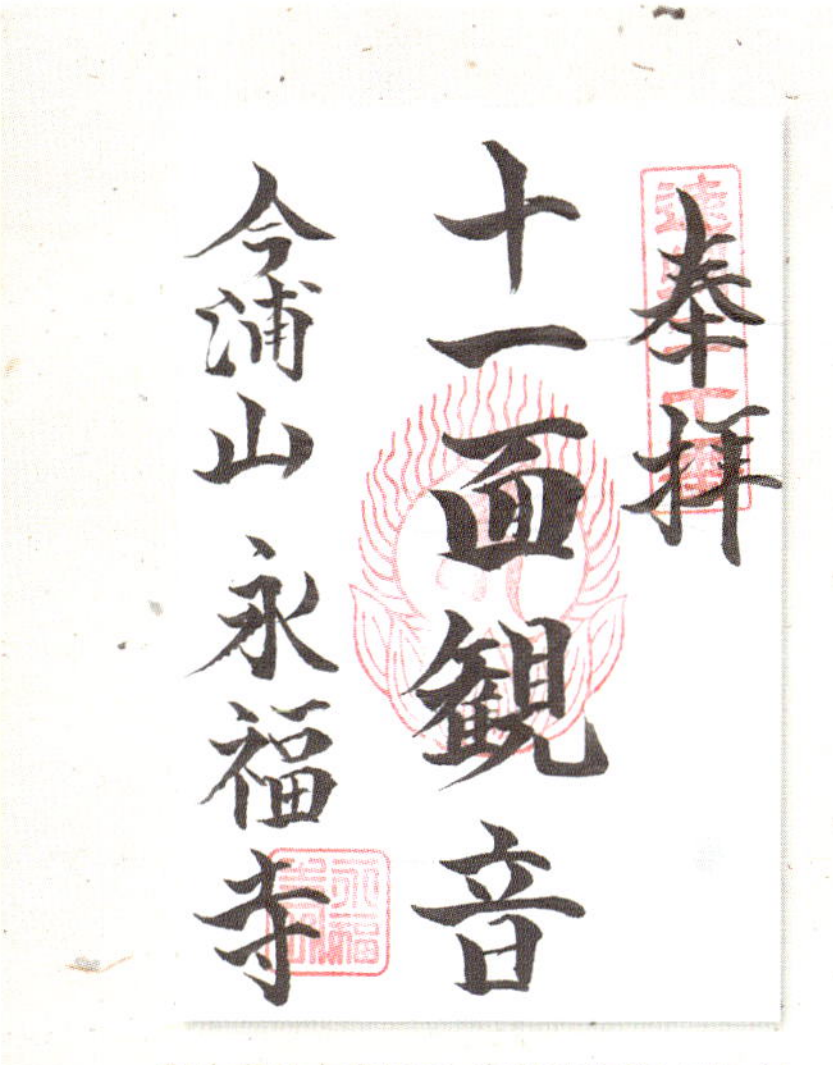

御朱印は本堂にて。事前に連絡しておくと安心だ

札所の観音さま

十一面観世音菩薩

ご真言

おん まか きゃろにきゃ そわか

DATA

MAP P87-4

| | |
|---|---|
| 創　建 | 1504年 |
| 所在地 | 磐田市西貝塚1519-1 |
| 電　話 | 0538-32-6066 |
| アクセス | 東名・磐田ICより車で15分 |
| 駐車場 | 有(無料) |

周辺情報▶縄文時代の土器や石器が発見される西貝塚がある

[第31番札所までの所要時間] 車で32分

遠州三十三観音

第21番

福田発展の礎を築いた　信仰を集める寺

# 円通山 観音寺【かんのんじ】

曹洞宗

本堂。左手には観音堂がある

家内安全・生業繁栄・大漁満足・良縁成就・厄難消滅・良縁招福など霊験あらたかな観音寺。祀られている聖観世音菩薩は恵心僧都の作として伝えられており、人々を苦しみから救い福楽を与えてくれ、不幸や災難から守ってくれるといわれている。聖観世音菩薩は秘仏だが、12年に一度、午の年に1週間ご開帳が行われる。「萬倍釜」「伝説の力善右衛門の手洗い鉢」などこの地にまつわるものが数多くある。

右_福田は古くから漁業や養鰻が盛ん。その供養のための魚籃観音でもある　左_境内裏には十八羅漢像が至る所に置かれている

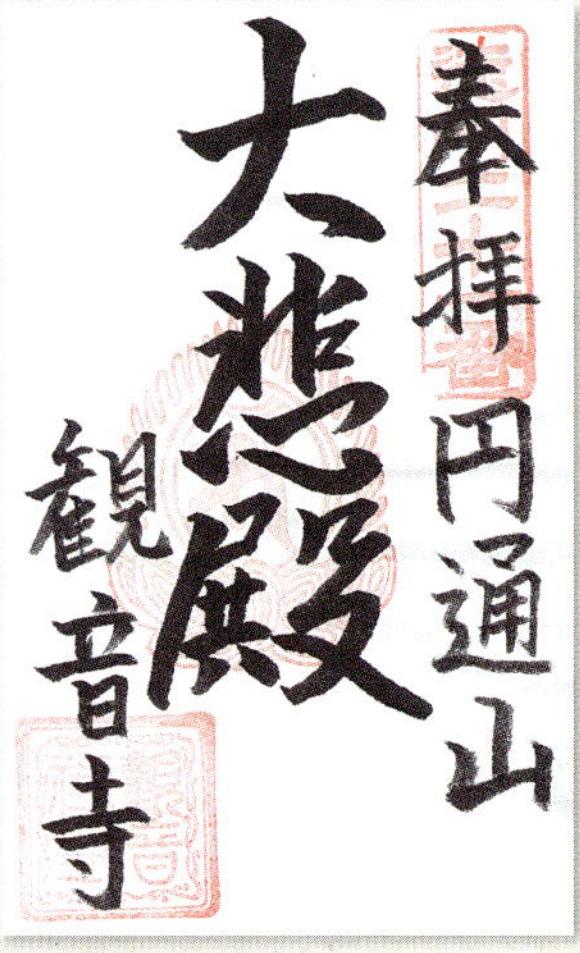


御朱印は本堂にて。事前連絡がベター

札所の観音さま

聖観世音菩薩

ご真言

おん　あろりきゃ　そわか

DATA

MAP P87-4

| | |
|---|---|
| 創　建 | 1494年 |
| 所在地 | 磐田市福田688-1 |
| 電　話 | 0538-55-2309 |
| アクセス | 東名・磐田ICより車で20分 |
| 駐車場 | 有(15台・無料) |

周辺情報▶磐田市役所福田支所

本堂

# 平遊山 延命寺【えんめいじ】

曹洞宗

## 徳川家康を天下人にした 願いを叶える観音様

札所本尊の観音さまは「十一面観音」と呼ばれ、江戸時代末、万福寺廃寺に伴い、延命寺にお堂を移築したもの。当時、徳川家康がこちらの観音様に一心に戦勝を祈願し、のちに天下人となったため観音様への報恩として、ご朱印高5石壱斗と境内2778坪を寄贈したと伝えられている。それから戦勝守護、立身出世を叶えてくれる観音様として広く知れ渡り多くの参拝者が訪れる。

右_願いを聞き届けてくださる万願寺観音様　左_近くには町の人達によって大事に管理されている鍾乳洞がある

御朱印は本堂にて

**札所の観音さま**
十一面観音

**ご真言**
おん まか きゃろにきゃ そわか

DATA　MAP P88-2

| | |
|---|---|
| 創　建 | 1595年 |
| 所在地 | 浜松市北区三ヶ日町平山439 |
| 電　話 | 053-525-1554 |
| アクセス | 東名・三ヶ日ICより15分 |
| 駐車場 | 有(30台・無料) |

周辺情報▶凌苔庵(りょうたいあん)

[第24番札所までの所要時間] 車で17分

遠州三十三観音
第23番

## 凧と地獄絵図に圧巻。地元からの信仰が厚い寺

# 海隣山 禮雲寺【れいうんじ】

曹洞宗

白須賀凧は常時展示されている

１６４４年、白須賀元町にある海に隣接した場所にあったが、１７３４年の大地震による火災と津波に見舞われたため安全な地を求めて現在地に移されたと言われている。本堂には前住職直筆の地獄極楽絵図があり、また数多くの白須賀凧が展示されているなど、さながら博物館のようである。なかでも見どころは観音堂に奉納してある全６００巻の「大般若経」。信仰心ある地元の人たちが手

隣の十王堂には、東海一の閻魔大王を祀る。色がとても鮮やかだ

600巻の大般若経。1巻1巻に個性があらわれる

DATA　MAP P88-2

| | |
|---|---|
| 創建 | 1644年 |
| 所在地 | 湖西市白須賀1282 |
| 電話 | 053-579-0450 |
| アクセス | 東名・三ヶ日ICより車で35分 |
| 駐車場 | 有（20台・無料） |

周辺情報▶歴史資料館「おんやど白須賀」

路地を入った場所にある禮雲寺本堂

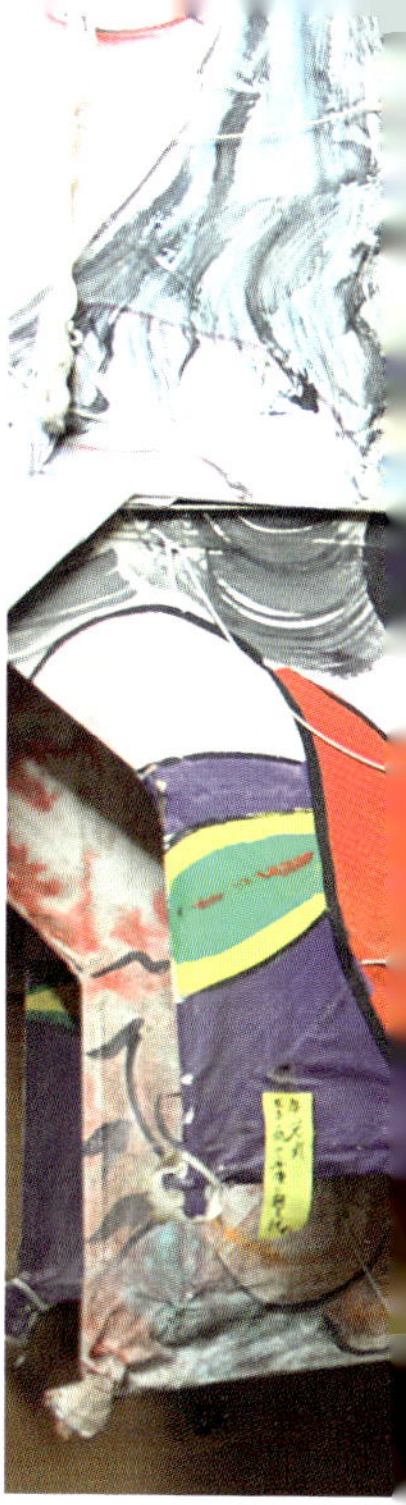

✿ ポイント

観音堂の欄間は一見の価値あり。漆喰でできた龍の欄間は非常に立体的な造りで、今にも飛び出てきそうな迫力がある。

札所の観音さま

十一面観世音菩薩

**ご真言**

おん　まか　きゃろにきゃ　そわか

ご詠歌

うみちどり
なきあうかげの
かがよえる
せいがんじょうじゅの
れいのくもひく

ケいをして一文字一文字願いを込めて書き上げ、10年がかりで完成させたという。当時の人はほとんど亡くなってしまったが、観音堂にはしっかりと彼らの名が刻まれている。高さ1・1mにもおよぶ木彫りの十一面観世音菩薩は生きとし生けるものを救ってくれるといわれている。

御朱印は本堂にて。待っている間に凧を見せてもらうのも、いいい

四国八十八ヶ所。ミニ霊場もある

［第25番札所までの所要時間］**車で8分**

大蘇鉄がまるで山門のように迎えてくれる

千手観音さまのご加護あり　大蘇鉄の寺

# 海蔵山 岩松寺【がんしょうじ】

曹洞宗

本堂南にある蘇鉄は1682年、大檀那の伊藤家や菅沼家が協力し本堂庫裏建設の記念に植樹したものといわれている。時は流れ本堂、庫裏ともに昭和に新築されたが蘇鉄だけは当時のまま。札所本尊である千手観音は「子育て観音」とも呼ばれ、10歳までの寿命といわれた子供の重病を癒やし90歳近くまで生きることができたという言い伝えに由来する。できものや皮膚病も治すといわれ信仰を集めている。

厨子に安置されている千手観音さま

六地蔵。こちらにも手を合わせたい

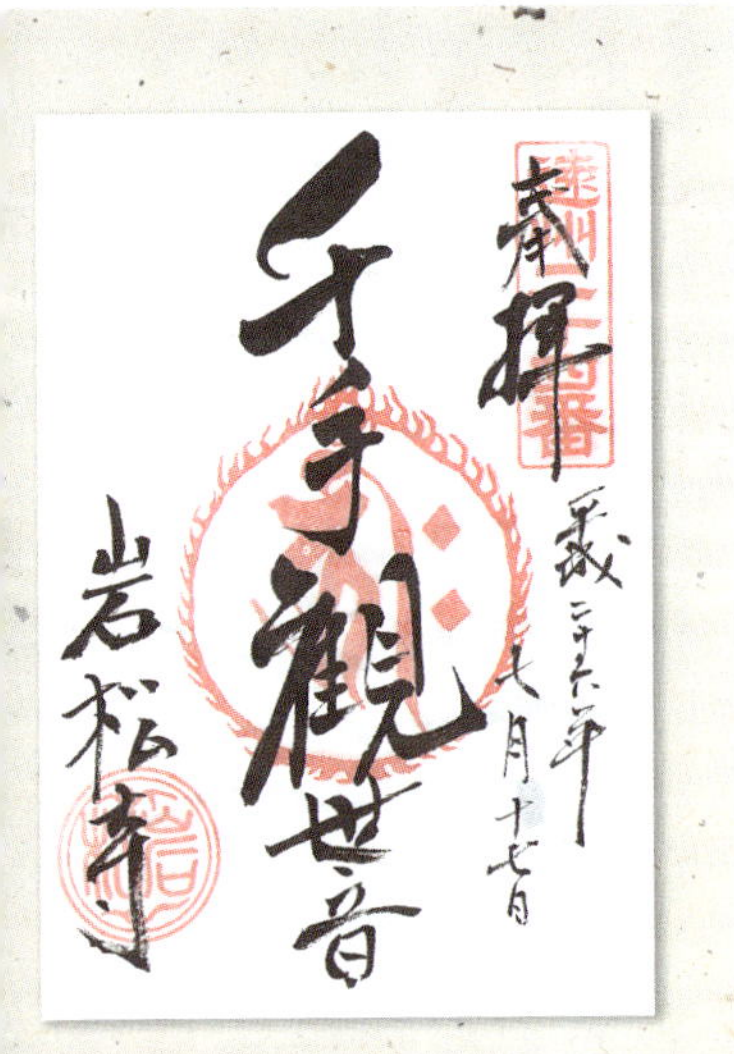


御朱印は本堂にて。事前に連絡をしておくといい

札所の観音さま

千手観世音菩薩

ご真言

おん　ばざら　たらま　きりく

## DATA

MAP P88-2

| | |
|---|---|
| 創　建 | 1615年 |
| 所在地 | 湖西市新所208 |
| 電　話 | なし |
| アクセス | 東名・三ヶ日ICより車で20分 |
| 駐車場 | 有（30台・無料） |

周辺情報▶浜名湖

[第26番札所までの所要時間] 車で10分 ◀◀



見渡す湖が美しい　絶景の寺

# 宇津山 正太寺【しょうたいじ】

曹洞宗

上_石段を登り切ると近代的な本堂があらわれる　下_ミニ霊場からは浜名湖が望め、爽快な気分が味わえる

本堂前庭に並ぶ三十三観音の石仏

聖観世音菩薩は807年に浜名湖から出現したと言われていて、当時は宇津山の中腹に小堂を建ててそこにまつられていたが、後にこの観音様を本尊に迎え正太寺が開創された。本堂裏山の斜面には17代雪英和尚の発願により昭和8年に入出村の人達総出によってつくられた弘法大師八十八ヶ所ミニ霊場がある。一帯には寺を代表する花、深山ツツジが群生し3月中旬〜4月上旬にかけて美しく咲き誇る。

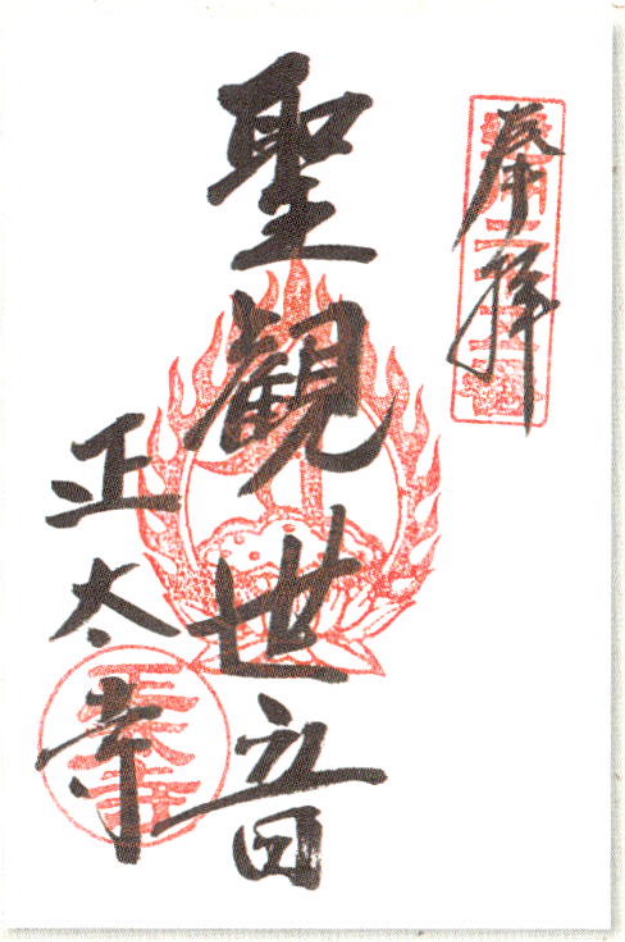


御朱印は本堂で。気候により花の開花が前後するので事前問い合わせがベター

札所の観音さま

聖観世音菩薩

ご真言

おん　あろりきゃ
そわか

DATA

MAP P88-2

| | |
|---|---|
| 創　建 | 1467年 |
| 所在地 | 湖西市入出800 |
| 電　話 | 053-578-0049 |
| アクセス | 東名・三ヶ日ICより車で20分 |
| 駐車場 | 有(無料) |

周辺情報▶浜名湖

[第22番札所までの所要時間] 車で18分 ◀◀

山門には大本山総持寺館長揮毫の扁額が掲げられている

## 遠州三十三観音
## 第26番

美しい魚籃観音に　思わず手を合わせる

# 種月山　閑田寺【かんでんじ】

曹洞宗

浜名湖松見ヶ浦の湖畔に位置し、水と緑に囲まれた静かでのどかな寺。当時小さな村であった利木村を信仰の力をもって村づくりにあたろうと観音様をまつったのがはじまり。本尊の聖観世音菩薩像は厄除開運に大きなご利益があるとして各地から参拝者が訪れる。本堂にある、魚籃観音画像は忘れずに見ておきたい。運が開け、子宝に恵まれるとして特に女性からの信仰が厚い。

右_寺宝・魚籃観音画像。鮮やかな色彩が美しい　左_きらびやかな聖観世音菩薩像

御朱印希望の際はあらかじめ電話を

札所の観音さま

聖観世音菩薩

ご真言

おん　あろりきゃ　そわか

DATA　MAP P88-2

| | |
|---|---|
| 創建 | 1573年 |
| 所在地 | 湖西市利木140 |
| 電話 | 053-578-0718 |
| アクセス | 東名・三ヶ日ICより車で10分 |
| 駐車場 | 有(15台・無料) |

周辺情報▶浜名湖

［第28番札所までの所要時間］車で5分

遠州三十三観音

# 第27番

## 多くの人の心の拠り所となる 慈母観音

# 半田山 龍泉寺【りゅうせんじ】

曹洞宗

慈母観音は子供の無病息災、良縁、子授け、安産、水子供養の霊場として信仰を集める

開創年代は不詳だが、奈良時代（710～788）には現在の寺域を中心に大きな集落と祈願所が設けられていたという。家康が三方原合戦の折、境内の阿弥陀堂に身を隠し一命を取り留めたことがあり、それ以来、諸病平癒、延命長寿の祈願所として多くの信仰を受けている。本堂脇の慈母観音は40歳で亡くなった前住職の兄弟5人の僧が母の供養のために建立を発願。浜松の彫刻家が制作寄贈した。

上_家康との因縁により、寺紋は三ツ葉葵という由緒深き寺院　下_家康が身を隠した阿弥陀堂。阿弥陀如来より布橋の戦略を授かったという

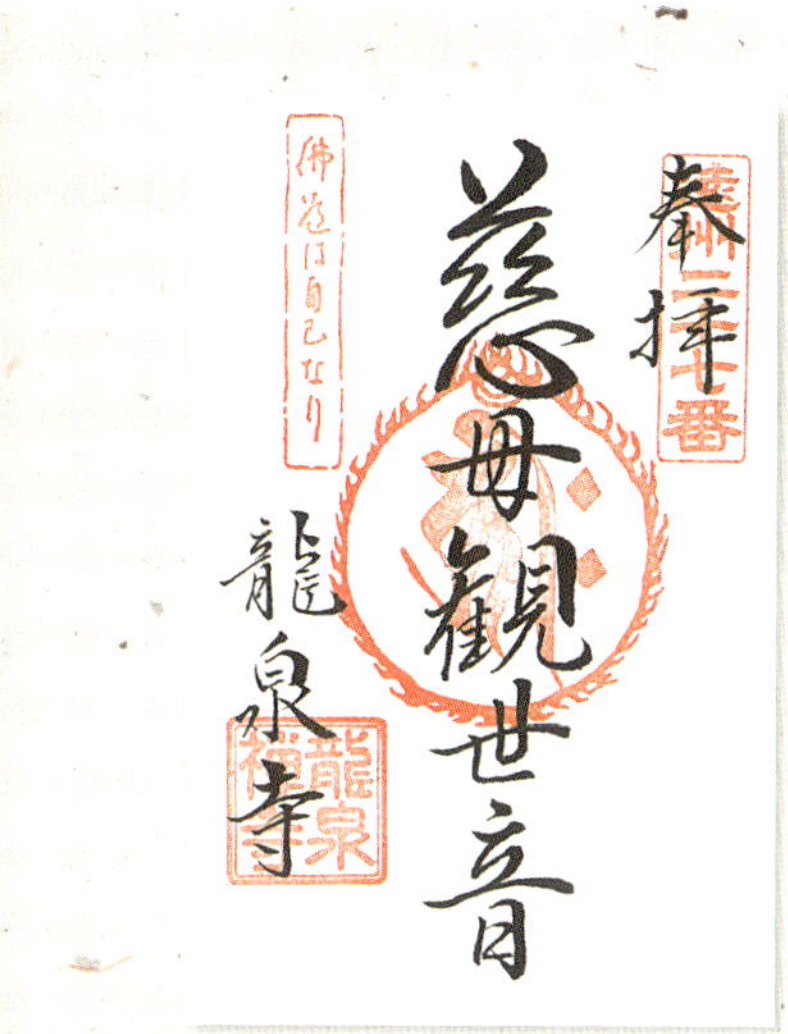


御朱印は本堂にて受付

札所の観音さま

慈母観世音菩薩

ご真言

おん　あろりきゃ　そわか

DATA　MAP P88-1

| | |
|---|---|
| 創建 | 奈良時代 |
| 所在地 | 浜松市東区半田山4-18-5 |
| 電話 | 053-434-0935 |
| アクセス | 東名・浜松西ICより車で15分 |
| 駐車場 | 有（20台・無料） |

周辺情報▶浜松医大

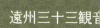

［第29番札所までの所要時間］ 車で28分

境内は掃き清められており、清々しい。樹齢600年のタブの巨木も必見

濁流の中から助かった　奇跡の千手観音

# 宝玉山 龍秀院

【りゅうしゅういん】

曹洞宗

開創のきっかけは宗鑑和尚が6歳の時、大きな台風で父母共々家ごと濁流に飲み込まれ、たまたま目の前を流れてゆく木切れに夢中でつかまり命拾いをしたが実は単なる木切れではなく千手観音さまをまつった厨子だったという霊験から。その後12歳で出家、修行のすえ観音さまへの報恩と濁流の中亡くなった父母のために建立したという。札所本尊の千手観音は別名良縁観音とも呼ばれ、災難を避け良縁を授けてくれる。

千手観音。良縁をもとめておまいりする人が多い

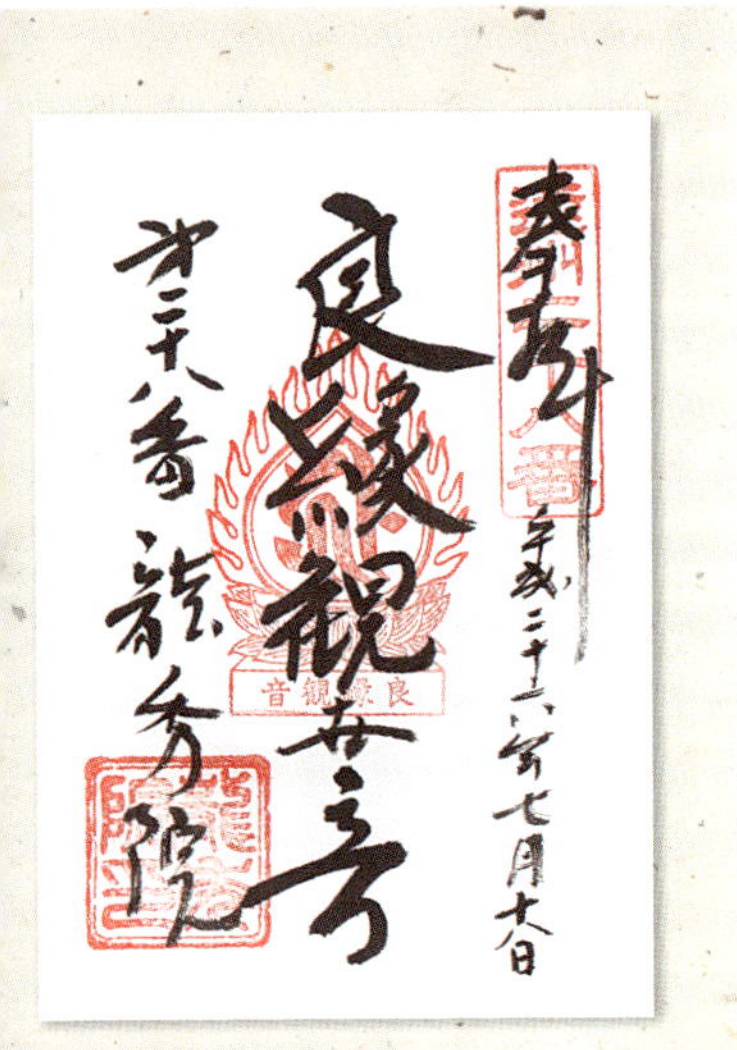


御朱印は本堂にて受付。見どころが多いので時間が許す限り散策したい

京都の伏見稲荷から分霊を勧請。商売繁盛に利益があり各地から参拝者が訪れる

札所の観音さま

千手観世音菩薩

ご真言

おん　ばざら　たらま　きりく

DATA

MAP P88-1

| | |
|---|---|
| 創建 | 1521年 |
| 所在地 | 浜松市東区有玉北町653 |
| 電話 | 053-434-0034 |
| アクセス | 東名・浜松西ICより車で15分 |
| 駐車場 | 有（無料） |

周辺情報▶遠州鉄道 積志駅

遠州三十三観音
第29番
【遠州七福神 大黒尊天霊場

かつての寺子屋を思わせる地元からの信頼が厚い寺

# 八幡山 法雲寺【ほううんじ】

曹洞宗

上_本堂前にはお釈迦様の木、菩提樹が植えられている　下_豊栄稲荷。商売繁盛のご利益があるという

痴呆除け観音。観音様の足元にすがるのは子供ではなくおじいちゃんとおばあちゃん

境内には痴呆除け観音があり、これは先代の住職が94歳までぼけることなく元気だったということから建立され、これにあやかろうと多くの人が参拝に訪れる。また、豊川稲荷の分身豊栄稲荷や遠州七福神の大黒尊天霊場として、近隣の信頼を集めている。早春から初夏にかけて、梅、桜、藤、ツツジ、紫陽花が咲き美しい。

DATA　MAP P87-4

| | |
|---|---|
| 創　建 | 1634年 |
| 所在地 | 磐田市向笠西374 |
| 電　話 | 0538-38-0432 |
| アクセス | 東名・磐田ICより車で7分 |
| 駐車場 | 有(15台・無料) |

周辺情報▶武笠城砦跡

札所の観音さま
聖観世音菩薩

ご真言
おん　あろりきゃ　そわか

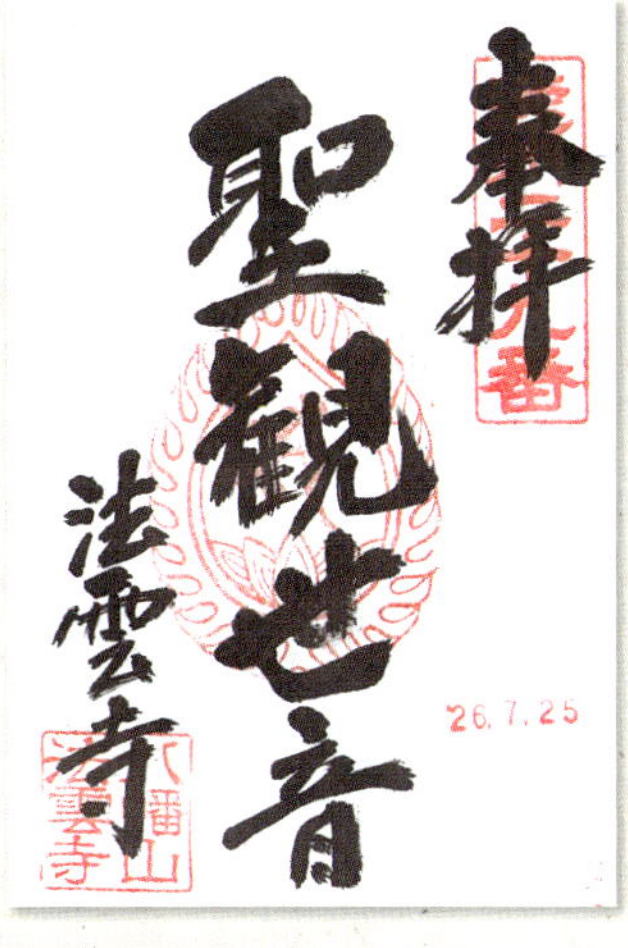


御朱印は本堂にて受付

[第32番札所までの所要時間] 車で18分

遠州三十三観音
第30番

本堂。屋根に葵の紋のついた瓦がのせられている

悠久600年の歴史を刻む、徳川家康ゆかりの寺

# 萬松山 可睡斎

【かすいさい】

曹洞宗

徳川家康によって名付けられた曹洞宗屈指の寺、可睡斎。宗派を越えて古来より火伏せの神とあがめられており、秋葉三尺坊大権現御真躰をお祀りする祈祷の一大道場でもある。山門の右側には1937年に建てられた大規模和風建築「瑞龍閣」があり、四季の移り変わりを描いた襖絵や長い梁、豪華な装飾は見る人の心を感動させる。東海道随一の禅道場であることから座禅、精進料理、写経

DATA

MAP P87-3

| | |
|---|---|
| 創　建 | 1401年 |
| 所在地 | 袋井市久能2915 |
| 電　話 | 0538-42-2121 |
| アクセス | 東名・袋井ICより車で5分<br>新東名・森掛川ICより車で15分 |
| 駐車場 | 有 |

周辺情報▶可睡ゆりの園

山口玲熙画伯による襖絵が素晴らしい。欄間、天井、棚の装飾にも注目

元旦～4/3まで瑞龍閣の大広間には1200体のお雛様が飾られる。まさに圧巻! の一言

井戸から汲み上げた水を水槽に貯めて使用する当時は珍しい水洗トイレ。昭和12年完成

トイレに祀られている烏芻沙摩明王。等身大で迫力満点だ

札所の観音さま

聖観世音菩薩

ご真言

おん　あろりきゃ
そわか

ご詠歌

みをおさめ
こころをきよく
まびふせぐ
ひぶせのあきは
かすいにおわさん

✿ポイント

6/1〜8/31（予定）には「遠州三山　風鈴まつり」が開催される。厄除けや願いや祈りを風鈴の音に託し、約3000個の風鈴が吊り下げられる。

などの宿坊体験が人気で各地から多くの人が訪れる。春は牡丹、秋はモミジが美しく年中行事も豊富で話題に事欠かない。毎年12月15日には可睡斎最大の行事、秋葉の火まつり「火防大祭」があり大祭大祈祷・御輿渡御・松明道中・火渡りなどが開催される。

御朱印は総受付にて。お守りなどグッズも販売。HPも参考に。http://www.kasuisai.or.jp/

総受付。御朱印はここで。なお、可睡斎拝観料金は500円

遠州三十三観音
第31番

本堂。元は天台宗と推測されるが現在は曹洞宗に改宗

## 寶林山 成金寺【じょうきんじ】

曹洞宗

### 七観世音菩薩に心安らぐ霊験あらたかな場所

縁起の良い「成金寺」の寺名は、当寺に葬られている戦国時代の武将、都築惣社衛門尉秀綱の法名が「霊松寺殿法玉成金大居士」であることから。七観世音菩薩（聖観音・准胝観音・十一面観音・不空羂索観音・馬頭観音・如意輪観音・千手千眼観音）がずらり並ぶ観音堂は圧巻。また七観音堂の足下には、青岸渡寺、長谷寺、三井寺、清水寺、華厳寺等から加持した西国三十三観音霊場のお砂踏みもある。馬

石造りの千手観音は、神聖な姿に思わず手を合わせてしまう

DATA MAP P88-1

| | |
|---|---|
| 創建 | 1789年 |
| 所在地 | 浜松市南区瓜内748 |
| 電話 | 053-441-1496 |
| アクセス | 東名・浜松ICより車で25分 |
| 駐車場 | 有（無料） |

周辺情報▶中田島砂丘

七観世音堂の内部。下には西国三十三観音のお砂踏みも

### ポイント

本堂の天井に描かれている十二支は成金寺にゆかりのある美大出身の方の作。鮮やかな色彩と躍動感ある姿はずっと見ていても飽きない魅力がある。

**札所の観音さま**

七観世音菩薩

**ご真言**

おん　あろりきゃ
そわか

**ご詠歌**

じょうきんじ
ろくどうすくう
じひぼとけ
しちかんのんの
うりうちのさと

込川より出現したと伝えられている一本造りの木像の観音様は、その年輪の様子から木の芯の部分だけを使って造られており、平安時代以前のものと推測されている。現本堂は昭和59年に新築。天井には十二支が描かれていて華やか。忘れずに拝見しておきたい。

川から現れた奇跡的な木像の姿に壮大なロマンを感じる

御朱印は本堂にて。待っている間は天井画を見て楽しむ、のもいい

遠州三十三観音
第32番

本堂。観光客で常に多くの人で賑わう

白龍頭観音の預言が残る日本一のききょうの寺

# 鹿苑山 香勝寺【こうしょうじ】

曹洞宗

「境内に2万株以上のききょうを植えると、参拝の人々の心身に清らかな気が充満し、安らぎの世界に至ることができる」と白龍頭観音さまのお告げがあり、今やその2倍、4万株100万本以上のききょうが咲く香勝寺。ききょう園の開園は6月上旬～7月下旬と8月下旬～9月中旬の2回で8月以降は女郎花、すすき、萩、撫子なども咲く。ききょうの花言葉「変わらぬ愛」にちなんだ恋

恋愛観音さまと願いが叶う至福の鐘

ききょう園への入口はここから。
入園料500円

DATA

MAP P87-3

| | |
|---|---|
| 創　建 | 1545年 |
| 所在地 | 周智郡森町草ヶ谷968 |
| 電　話 | 0538-85-3630 |
| アクセス | 東名・袋井ICより車で15分、<br>新東名 森・掛川ICより車で5分 |
| 駐車場 | 有(無料) |

周辺情報▶森町文化会館

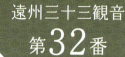

観音堂。手前には巨大な数珠がかけられている

青紫以外に白やピンク、八重など多くの種類が咲く

**ポイント**

**「親の小言と冷酒は後で効く」など『和尚のひとり言』が書かれたプレートが密かな人気。たくさんあるので全部探してみたい。**

札所の観音さま

白龍頭観音

**ご真言**

おん　あろりきゃ
そわか

ご詠歌

あめつちに
ならいたまいし
ひびのみち
よろずのものや
つどいほしけく

愛観音さまは大変ご利益があると、若い女性から家庭円満を願う老夫婦まで多くの人が訪れ、「至福の鐘」を鳴らしてゆく。境内にある、特定の位置からでないと15石数えられることができない「四方礼拝の庭」も見どころ。

御朱印は本堂横の受付にて。混みあうので時間に余裕をもっておきたい。さまざまなグッズも売っている

蓮の花も咲き、訪れる人の心をなごませる

美しい紫陽花に　満願の喜びもひとしお

# 実谷山 極楽寺【ごくらくじ】

曹洞宗

上_あじさいの時期は拝観料500円　下_観音堂。満願成就の実感が込み上げてくる

紫陽花が迎えてくれて本堂までの道のりも楽しい

行基菩薩によって開創された古い寺で、本尊の阿弥陀如来は行基菩薩みずからが刻んだと伝えられている。一時は大いに隆昌したがその後衰退。しかし、1629年可睡斎二十一世貴外嶺育和尚によって堂宇を再建、曹洞宗に改宗してふたたび興隆。今や境内に紫陽花30種類以上13000株が咲き誇る、あじさいの名所として有名。見どころは6月上旬～7月上旬。遠州七福神霊場、遠江十二支霊場でもある。

御朱印は本堂にて受付。HPも参考に。
http://www.ajisaidera.com

札所の観音さま

聖観世音菩薩

ご真言

おん　あろりきゃ　そわか

DATA　MAP P87-3

| | |
|---|---|
| 創　建 | 712年 |
| 所在地 | 周智郡森町一宮5709 |
| 電　話 | 0538-89-7407 |
| アクセス | 東名・袋井ICより車で15分 |
| 駐車場 | 有(50台・無料) |

周辺情報▶八幡神社

# 御朱印めぐり コラム⑤

【ご朱印について】

巡礼の醍醐味の一つに挙げられるのが「ご朱印」だろう。そもそもご朱印とは、「写経を納めた領収印」としていただくものだったが、時代を経るにつれて「寺院にお参りした証明印」の意味合いが強くなった。さらに、神社などでも受けることができる。

一般的にご朱印は、まず❶右上に札所の番号を記した札所印、❷中央に札所本尊を表す梵字の入った御宝印や「仏法僧宝」の4文字を刻んだ三宝印、そして❸左下に各寺院印の3つの印で構成。そこに本尊名や堂の名称、寺号、参拝日などが墨書される。ご朱印とは、いわば札所本尊の分身なのだ。そのため、ご朱印帳を死者の棺に入れる風習もある。最近は観光地の記念スタンプ感覚で集める人も見受けられるが、実はとても尊くありがたいものだということを忘れてはいけない。

京都や四国などの大寺院や観光寺では、担当者が何人も常在しており、いつ訪れても手書きのご朱印をいただけるが、静岡県内の寺院では記せる人が住職しかいないというケースがほとんど。さらには、無住で地域が管理しているところもある。そのため、参拝前に事前連絡を入れるのがベターだ。また、ご朱印も手書きではなく、すでに印を押された紙を渡されことも少なくないが、記されている内容や重みは同じ。ありがたく頂戴しておきたい。

前述の通り、ご朱印にはその札所の番号や本尊印が記されるため、同じ寺院でも霊場が異なればご朱印も変わる。一寺院で複数の札所を兼ねている場合は、お願いする際に、まず「何の霊場をまわっているか」をはっきり伝えることが大切だ。もちろん、本堂や観音堂、地蔵堂など対象札所を全てお参りし、一度に複数霊場のご朱印をもらっても構わない。さらに、同じ札所に何度もお参りする場合は、その都度新たに記してもらうのではなく、御宝印だけ重ね押ししてもらうという方法もある。代金は、朱印帳なら300円が一般的(掛け軸や白衣は異なる)。おつりがいらないよう小銭を用意しておくとスマートだ。受付時間は特に設けていない寺院がほとんどだが、やはり日中の朝9〜16時頃までが望ましい。

# Staff

## 編集・制作

(有)マイルスタッフ
TEL:054-248-4202
http://milestaff.co.jp

## 伊豆・駿河・遠州札所めぐり 御朱印を求めて歩く　静岡巡礼ルートガイド

2018年1月25日　　第1版・第1刷発行

著　者　ふじのくに倶楽部（ふじのくにくらぶ）
発行者　メイツ出版株式会社
　　　　代表者　三渡　治
　　　　〒102-0093東京都千代田区平河町一丁目1-8
　　　　TEL：03-5276-3050（編集・営業）
　　　　　　　03-5276-3052（注文専用）
　　　　FAX：03-5276-3105
印　刷　株式会社厚徳社



ご意見・ご感想はホームページから承っております
メイツ出版ホームページアドレス　http://www.mates-publishing.co.jp/

編集長：折居かおる　　企画担当：折居かおる　　制作担当：清岡香奈

※本書は2014年発行の『静岡　御朱印を求めて歩く　札所めぐり　伊豆・駿河・遠州ルートガイド』を元に加筆・修正を行っています。